教科書には載っていない！

幕末の大誤解

〜 The Great misunderstanding of late Edo Period 〜

熊谷充晃 著

彩図社

はじめに

「幕末」と聞いて、あなたは何を思い浮かべるだろうか？

若き志士たちが新しい世のため、血と汗を流して奔走した時代。目指す国づくりのため、２つの勢力が日本全国を舞台に壮絶な戦いを繰り広げた時代。大きな時代のうねりの中で、何もかもが大きく変わった革命の時代。

色々あるだろうが、登場人物が魅力的であり、話のスケールも大きいということで、日本史の中で抜群の人気を持っている時代であることは疑いがない。当然、小説や映画、ドラマなどの格好の題材となってきた。

ところが、エンターテインメントとして扱われているうちに、この時代は伝説、つまり「お話」が事実として語られることが多くなっている。誤解されているのだ。

例えば、一般に坂本龍馬といえば日本初の会社を作り、大政奉還を考案した人物だと思われている。実はこれは大間違いであり、それぞれ龍馬とは違う人間が作り、考案したものだ。

また、江戸幕府を倒す原動力となった長州藩の「奇兵隊」。歴史の授業や参考書では、彼らが「新しい時代のため、身分を超えて結集した若者たち」だと教えている。実はこれも大誤解であり、無理やり参加させられた者もいたし、隊の中には厳然たる身分差別があったことが確認されている。

事ほど左様に、幕末という時代は実態とはかけ離れた姿で語られ続けてきた。

そこで本書は、5つの側面から異なるアプローチを加えることによって「幕末の大誤解」を解き、維新史の実像を知ってもらおうと書かれたものである。

まず、第一章「あの英雄たちの意外な素顔」では、龍馬や勝海舟、新選組など、誰もが知る幕末の主役たちの虚像と実像を描いた。前述の龍馬はもちろん、豪胆で知られる海舟の情けないエピソードや、一万円札になった福沢諭吉が意外にもお金に汚かったという話など、日本人のイメージを覆す逸話が満載だ。

続く第二章「歴史を変えた大事件の舞台裏」では、激動の時代を彩った事件の知られざる側面を追った。大老・井伊直弼が暗殺された「桜田門外の変」。実は事件当日、雪さえ降っていなければ結果が変わっていたかもしれなかった。「生麦事件」は、教科書には「薩摩藩士が外国人を殺傷し、薩英戦争の引き金となった事件」としか書かれてないが、その斬り付けられた側の外国人とは、一体どのような人物だったのだろうか？　歴史の授業が教えない事件の裏側をご覧頂きたい。

第三章「こんなに凄かった！　江戸幕府」では、新政府と比べて遅れていたと思われている江戸幕府の先進的な試みを発掘した。後に明治政府を支える骨組み、人材、そして日清・日露の大戦を日本の勝利に導いた海軍力も、実は江戸幕府が築いた礎の上に成り立っていたのだ。

第四章「仰天！　幕末の裏エピソード」では、歴史のうねりに翻弄された、幕末の市井の人々のエピソードを追った。自主的に黒船を撃退しようとしていた江戸っ子や、時代劇でお馴染みの代官や奉行たちの活躍など、決して表の歴史には出てこない人々に関する驚きの逸話を収録した。

最後に第五章「維新史に埋もれた偉人たち」では、英雄となれずに歴史に埋もれていった隠れた傑物たちの生涯を追った。アメリカでＡＫＢ48顔負けの人気を誇った日本人や、母国を捨てて幕府と戦う道を選んだフランス陸軍の将校、東郷平八郎に「あの人がいたから日露戦争に勝てた」と言わしめた幕臣など、一般には知られていない影の立役者たちを紹介した。

このように、読者の方々に歴史教科書とは違った視点と、知られざる歴史の魅力を知ってもらおうというのが、本書の試みである。きっと読み終わった後、幕末という時代に対するイメージがガラリと変わっているはずだ。

幕末の大誤解　目次

第二章　歴史を変えた大事件の舞台裏

第四章　仰天！　幕末の裏エピソード　135

第一章

あの英雄たちの意外な素顔

幕末の逸話 其の1

【維新の大英雄の真の姿とは】

龍馬の正体は無名のスパイ？

●〝坂本龍馬〟は明治16年に誕生した？

幕末維新期最高のヒーローといえば、間違いなく坂本龍馬だ。歴史に疎い人でも名前はもちろん、遠くを見つめるような目つきで有名な肖像写真を知らない日本人は、皆無と言っていい。その人生は短いながらも濃密で、波乱に富んでいた。

1836（天保7）年、郷士の子として生まれ、脱藩志士として全国を駆け巡り、当代一流の著名人ことごとくと親交を結ぶ。犬猿の仲だった薩摩藩と長州藩を和解させて「薩長同盟」を結ばせ、大政奉還を山内容堂に提言した実質的な維新の〝主役〟[※①]だ。

また、亀山社中や海援隊で先進的な商才も発揮した。そして自由な〝世界の海援隊〟を夢見ながら、若くして凶刃に倒れる――いやはや、誰が見ても「悲劇の英雄」ではないか。

しかし……龍馬ファンには申し訳ないが、こうした「英雄伝説」の数々には、疑問符が

※①主役
時代の主役であることを証明するのが大河ドラマだ。1968年の『竜馬がゆく』と2010年の『龍馬伝』で龍馬は主人公を務めている。演じたのはそれぞれ北大路欣也と福山雅治。

つくものや眉唾ものが多いことをご存知だろうか。

●何から何まで小説が元ネタ

実は、今も定説扱いされる龍馬の事績の数々は、1883（明治16）年に公表された新聞の連載小説がネタ元なのである。※②坂崎紫瀾《しらん》というジャーナリストが「土陽新聞」に発表し、後に単行本化されてヒットした『天下無双人傑海南第一伝奇　汗血千里駒《かんけつせんりごま》』がそれで、タイトルからも分かるように龍馬を顕彰しようとして書かれた伝記風の「小説」だ。

実はこの時まで坂本龍馬なんて名前は、明治政府の関係者たちの心の中にあるだけで、歴史的な英雄だとは認識されていなかった。

坂本龍馬

明治政府は、早い時期に龍馬を顕彰していたものの、一般市民にとってはまったくの無名でしかなかったのだ。広くその名が知られ始めるのは、1887（明治20）年あたりからなのだ。

連載小説がスタートした当時は、自由民権運動が盛んな時期。龍馬と同郷で運動の旗手・板垣退助は、忘れられた郷土の英雄を運動のプロパガンダに活用することを思いつく。

※②坂崎紫瀾
（1853〜1913）
江戸生まれの新聞記者。紫瀾はペンネーム。司法省などを経て「松本新聞」編集長となり、1880年に「高知新聞」に転じる。自由民権運動の強烈な闘士としても有名で、『汗血千里駒』以降の龍馬が「封建時代においても開明的な思想を持っていた」人物として描かれるのは紫蘭の影響が大きい。

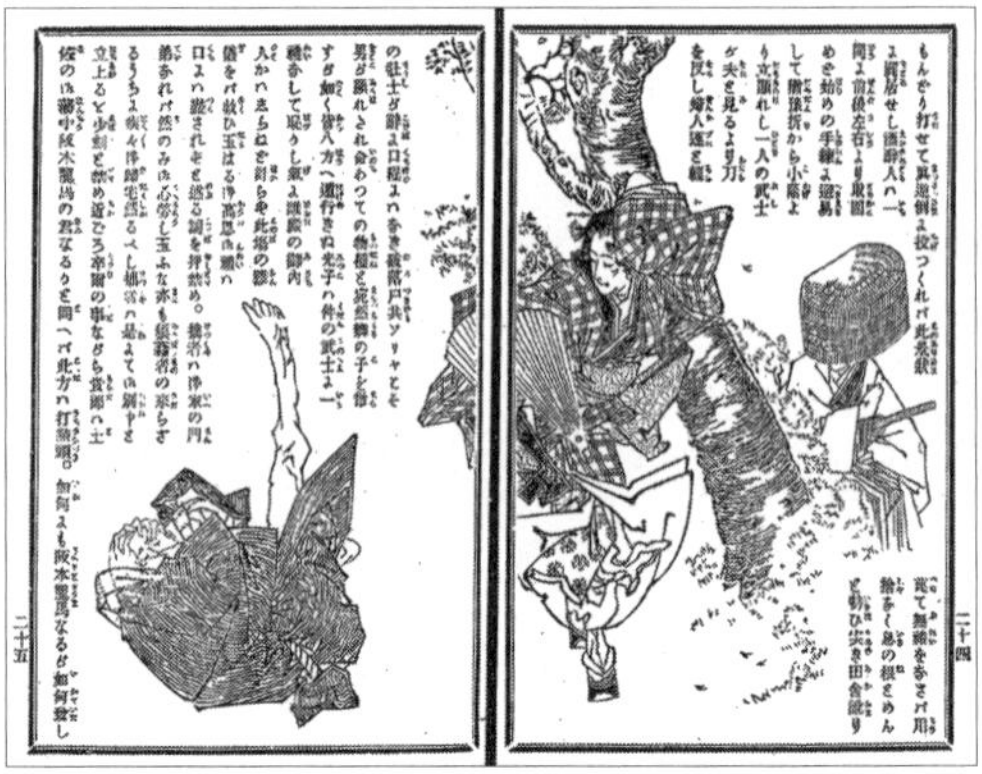

龍馬伝説の元ネタとなった『汗血千里駒』。挿絵も豊富な英雄譚だ。

いわば龍馬を「蘇生」させたのだ。この頃から彼は「自分が今あるのは龍馬のおかげ」と、しきりに喧伝するようになる。それまで龍馬について言及することなどなかったのに、だ。

以後、日本海軍の創設もデモクラシー思想もみんな、「龍馬が初めて考えたり作ったりしたもの」ということになっていった。その後は、10年間隔ぐらいでブーム※③が起きて今に至るのだ。

ちなみに前出の小説は、かの歴史小説の大家・司馬遼太郎※④が、『竜馬がゆく』などを執筆するときに、大いに参照したのだとか。

●その正体は無名のスパイだった？

とはいえ、龍馬が小説の中で「偉人」になれたのには理由がある。フットワークが軽い龍馬は、遠隔地にいる者同士を取り持つ「連絡係」、いわばスパイの役目を請け負っていたという側面がある。

Aという人物に聞いた話をBに、Bの意見をCに、というように、歩く情報ネットワー

※③ブーム
特に龍馬がブームとなったのは日露戦争前後。昭憲皇太后の枕元に坂本龍馬の霊が現れ「この戦争には必ず勝ちます」と言った、という話が広まったのだ。

※④司馬遼太郎（1923〜1996）
歴史小説家。本名は福田定一。大阪大学蒙古語学科卒業後、新世界新聞社に入社。産経新聞社を経て『ペルシャの幻術師』でデビュー。1960年、『梟の城』で直木賞を受賞。以降、戦国・幕末・明治を舞台とした歴史小説を発表し続け、日本を代表する歴史小説家となる。大阪市西区のアパート住まいの時分、南海ホークス時代の野村克也と同じアパートだったが、野球に興味がない司馬は「変な時間に出入りする胡乱な大男」と認識していたという笑い話がある。

クの役割をこなしていたのは確かだ。やがて、龍馬が語る誰かのアイディアは、聞く側にとっては龍馬のものと受け取られることも多くなる。こうして「龍馬の手柄」が急増していったと考えられる。

例えば龍馬を語る上で外せない海援隊と陸援隊は、彼が海援隊隊長になっただけで、設立構想も隊規も考案したのは土佐の福岡孝弟《たかちか》だ。龍馬が先進的な思想の持ち主だったことを示す大政奉還後の新政府構想（閣僚名簿）は、実は尾崎三良《さぶろう》※⑤が龍馬に書き示したもの。ドラマなどで暗殺直前の龍馬がドヤ顔で書き上げる「船中八策」。ここにある「議政局」は、すでに日本でも知られていたヨーロッパの政体で、その議会制度を龍馬に教えたのは大久保忠寛だし、横井小楠《しょうなん》や西周《にしあまね》らはすでに幕府に提案済みであった。土佐が仲介し薩摩経由で長州が購入したユニオン号にしても、大きな働きをしたのは上杉宗次郎だ。

いつでも都合よく紹介状をもらえて、トントン拍子で進む人脈の広がり。住所不定で活動内容までもが未詳の時期が多い……。華々しい伝記に彩られていながら、よく分からないことが多いというのが龍馬の人生の特徴なのだ。文久年間を中心に、今日知られる龍馬の京都での足取りは、後年の妻・お龍※⑥による回顧が中心で、どこまで本当か判然としない。

だからこそ、「西郷隆盛や勝海舟の密偵説」などは一定の説得力を持ってきた。口では「あれもこれも龍馬のおかげ」と言いながらも、不都合な真実を抱えたまま早死してくれて助かった、と考えた政府関係者も多かったのではないだろうか？

※⑤尾崎三良
（1842〜1918）官僚。尾崎行雄の岳父にあたる。三条実美に認められ、長州藩の庇護のもと、数々の政策を献策する。維新後はオックスフォード大学に留学し、帰国して法制整備に尽力した。

※⑥お龍による回顧
回顧録『反魂香』などでは、「自身が薩摩藩の桐野利秋に夜這いを受けた」と言ってみたり、龍馬の弟子筋で後の外務大臣・陸奥宗光が龍馬暗殺に関与していることを示唆するなど、信憑性が疑われている。

幕末の逸話 其の2

【武勇伝はウソだらけ？】

意外にヘタレだった勝海舟

●本当に「幕府の良心」だったのか？

勝海舟といえば幕末期のハイライト、江戸城無血開城の立役者として有名だ。

江戸の旗本の子として生まれた生粋の「江戸っ子」。若くして多方面に才能を発揮し、直心影流[※①]剣術は免許皆伝。いち早く蘭学を学び、長崎伝習所に入塾してからは出世街道を驀進し幕府の軍艦奉行並、軍事総裁にまで上り詰める。

幕臣でありながら、新政府側からも「話がわかる」と一目置かれた知力と胆力。新政府軍による江戸総攻撃を前に、総指揮官の西郷隆盛とタイマン面談を敢行し、腹を割った誠実な話し合いで、江戸が火の海になることを避けた傑物。一般的な評価はこんなところだろうか。間違いなく旧幕府サイドでは随一のヒーローとして、今も崇められている。

そんな勝だが、「べらんめぇ」[※②]口調で言いたいことをハッキリ言う男らしいイメージと

※①直心影流
江戸中期に盛んだった剣術の一派。下野国出身の山田一風斎を祖とする。形本位だった稽古を、竹刀や防具を改良して実戦的な試合向きにしたことで知られる。

※②べらんめぇ
不良旗本であった勝の父・小吉は道場破りや喧嘩の常習犯だった。勝の口調はこのあたりの影響だろう。

は裏腹に、ヘタレなエピソードを数多く残している。

●ダメダメだった咸臨丸の船内

勝が終生、自分の手柄として誇りに思っていたことのひとつが、１８６０（万延元）年の遣米使節に、咸臨丸艦長として参加したことだ。しかし実はこの船旅、勝が自ら語ろうとしなかった「ヘタレ」エピソードの宝庫なのだ。

勝海舟らが乗り込んだ咸臨丸

そもそも使節団には、咸臨丸が同行する予定はなかった。しかし海軍操練所のトップに就いて幕府海軍の能力に自信を深めていた勝がゴリ押しして同行が決まる。

さて、その実力のほどだが、かつて海軍伝習所で教官をしていたイギリス海軍のヴィレム・カッテンダイケ※③は、

> 水夫の腕はともかく、船長と士官の腕の方は、目を覆いたくなる状態だった。どうやって彼らに、短期間で航海術を身につけさせたらいいのか、まったくの謎だった。

と手厳しい評価を下している。

※③カッテンダイケ（１８１６〜１８６６）
オランダ海軍の士官。１８５７年、就航した咸臨丸を伴って長崎海軍伝習所の教官として来日。日本海軍の指導者たちを教えたが、伝習所の閉鎖に伴い帰国した。１８６１年には海軍大臣と外務大臣を兼務するなど出世した。日本滞在時代のことを『長崎海軍伝習所の日々』で著している。

江戸城開城時の海舟を描いた絵画

言うまでもなく、「船長」とは勝らのことである。その勝、下手に自信があるから、「日本人乗組員のみで初の遠洋航海、太平洋横断を成功させる快挙を！」と意気込んで乗船したまではいいものの、出航からほどなく激しい船酔いに襲われ、ほとんど部屋にこもりきり。

艦長がこれでは操船なんて不可能である。仕方なく、万が一に備えて同乗していたアメリカのジョン・ブルック大尉※④が指揮を執り、彼が率いたアメリカ兵（彼らの乗船も、勝は最後の最後まで拒んでいた）が操船の主力となって事なきを得たのだ。

それだけではなく、太平洋上で船酔いに我慢できなくなると「国に帰るから、小舟を降ろせ！」と無茶を言い出す始末……。こんな姿を見せるだけでも部下の失笑を買っているのに、提督（つまり勝の上官）の木村摂津守を、「海軍を知らない」とか「海を知らない」などと難癖をつけてないがしろにして、さらに同僚や部下の反感を買った。

通訳として乗り込んでいた福沢諭吉は、このときの勝の悪態の数々に失望し、死ぬまで怒りを解かなかったほどだ。

※④ジョン・ブルック（1826〜1906）アメリカ海軍の士官で科学者。1859年、サンフランシスコから測量船で来日。船の難破で横浜に待機していたが、咸臨丸の太平洋横断を助ける形でアメリカに帰国した。紛れもなく日本の恩人であるが、無駄に負けず嫌いの勝は「あんな連中がいなくても航海できる！」と強がっていた。結果はこの通り……。

また、勝が指揮する（できていないけど）咸臨丸は、あくまでも使節の正式メンバーではなかったため、アメリカに到着すると日本にトンボ返り。だから勝は、アメリカ見聞をしていたとは言い難いのだ。

しかも帰国後、「報告を聞きたい」と将軍・徳川家茂が指名したのは、筆頭測量方（航海長）の小野友五郎というおまけ付き。最後まで締まらないアメリカ行きだったのだ。

もうひとつの勝の功績、先の江戸城無血開城にしても、幕臣仲間の山岡鉄舟※⑤がお膳立てをしていたし、イギリス公使・オールコックが薩長サイドに攻撃中止を強く要請しており、事実上、江戸総攻撃は無理な情勢だった。勝の胆力で情勢が動いたわけではない。

むしろ、豪胆で鳴らしたのは海舟の父・小吉の方だ。

幕末の大剣客・山岡鉄舟。首が太い。

江戸でも指折りの侠客の大親分、新門辰五郎が折り紙を付けたほど、喧嘩においては無類の強さを誇った人物だったのだ。一方で息子には学問を、という先見の明があった。

ちなみに辰五郎は海舟の江戸無血開城に協力を惜しまなかった。幕末屈指の剣豪・鉄舟にしろ、辰五郎にしろ、父にしろ、勝はとにかく周りの人間には恵まれていたと言えるだろう。

※⑤山岡鉄舟
（1836～1888）
幕臣、剣術家。槍術家の山岡静山の婿養子。名門・千葉道場に入門して頭角を現し幕府講武所で剣術世話役となる。維新後は静岡県令などを経て、天皇の侍従にまでなった。

●長生きで得をした？

では、そんなヘタレな勝がなぜ、明治新政府に仕官もしなかったのに、ここまで名を上げることができたのか？　その謎を探ってみよう。

勝は、数いる幕末維新の立役者たちより、10歳以上も年長※⑥だった。そのため、彼らが登場する歴史上の重要案件に「責任者」として関わっていることが多かった。

例えば、前項で紹介した龍馬などは陰で暗躍していたに過ぎない。公的な肩書きがないから要人にフリーパスで会えていたわけでもなく、影響力を行使できる範囲は限定的だった。明治時代に元老となる長州出身の伊藤博文や山形有朋にしても、当時は現場指揮官として活躍したものの、政局の中心にいたわけでもない。

そして龍馬や西郷に限らず立役者たちが次々と早死にしたこともあり、次第に「明治維新の生き字引」として貴重な存在になっていく。だから仕官して政府要人にならずとも、後進への影響力は絶大だったのだ。

またマメで健筆※⑦だった勝は、史料として貴重な書籍を次々と執筆したから、彼の言葉がすなわち幕末の証言として残されていくことになったのだ。

おまけに長寿だったから、彼の発言が後世に与える影響は、月日とともに大きく膨らんだ。勝が偉人として顕彰されているのは長生きしたから、とも言えるのだ。

※⑥年長
1823年生まれの勝は伊藤博文より18歳、木戸孝允より10歳、坂本龍馬より13歳年長である。

※⑦マメで健筆
主なものでも『亡友帖』『断腸之記』『吹塵録』『吹塵余禄』『外交余勢』『流芳遺墨』『追賛一話』『開国起原』『幕府始末』と著作多数。他にもたくさんの書籍の編集に携わった。

【開国を導いた男の意外な素顔】

仰天！ペリーの沖縄占領計画

幕末の逸話 其の3

●みんな知っているペリー提督

ペリー提督は幕末期において、最も有名な外国人と言っても過言ではないだろう。

1853年（嘉永6）年に、彼が4隻の黒船を率いて浦賀沖に姿を見せた時から、日本の近代化が始まったとする見方もある。日本を開国路線に導き、近代的な国際社会に呼び込んだ功労者として、教科書でも大きく取り上げられている。日本にアメリカ側の要求を伝えて一度は退散するが、翌年に再び来航し、「日米和親条約」※①が結ばれたのは歴史の授業が教える通りだ。

おそらく、多くの人はペリーの名前とともに教科書に掲載されている、厳格そうな表情をたたえた軍服姿の肖像画を記憶していることだろう。開国の恩人として名前を覚えている人もいるだろうし、単なる外交官だと認識している人も多いのではないだろうか。

※①日米和親条約
1854年、幕府と米国との間で結ばれた条約。下田・箱館への寄港と、両港での行動を許可し、船舶の運用に必要な燃料や食料の供給、遭難した場合の救助や領事の駐在などが認められた。従来の外国人に対する待遇を大幅に転換するものだった。

ペリーの来航の様子を描いた絵画。出迎えに大慌てになっているのが分かる。

いずれにしろ、アメリカからはるばる開国と通商を求め、苦労を重ねて日本に来たという印象を抱いている人がほとんどのはずだ。ここでは教科書では触れられることのない、彼の実像をご紹介しよう。

●実は根っからの海軍軍人

まず彼は日本との開国交渉という任に就いていたものの、外交官ではなく「東インド艦隊司令長官」、つまり海軍軍人である。

そして彼は、本国のフィルモア※②大統領から「日本との通商和親交渉はできる限り穏便に進めるように」と厳命されていたにもかかわらず、無断で武力をチラつかせ恫喝外交を展開している。軍法会議モノである。

それだけでは終わらない。ペリーの来航については、日本もオランダからの情報で

※②ミラード・フィルモア（1800〜1874）アメリカ合衆国第13代大統領。12代大統領、ザカリー・テイラーの死を受けて大統領に昇格。アメリカ西海岸と中西部を結ぶ大陸横断鉄道の建設を推進した他、ハワイ王国をアメリカの支配下に置くことに成功した。ペリーの日本派遣を実行した人物でもある。

事前に察知しており、要求内容も想定して交渉の準備をしていたのだが、ペリーは返答が意に沿わないと見るや大砲を向けて脅したから、幕府は蜂の巣をつついたような大騒ぎ。

幕府側に禁じられていた江戸湾測量を勝手に始めたり、「返答まで1年の猶予を」という要求に応じたにもかかわらず、※③半年後に再来航するなどの挑発までしている。これらの激しい言動はペリーの経歴を見れば納得できる。

彼は1794年、ロードアイランド州ニューポートで生まれた。父のクリストファーは海軍の私掠船長、2人の兄は海軍軍人であり、絵に描いたような軍人一家。自身も海軍に入り、蒸気船の強化と士官教育の分野で頭角を現した。ブルックリン海軍工廠の造船所長、司令官などを歴任した後に本国艦隊司令に就任して、極東に向けて旅立ったのだ。

時間をかけて粘り強く話し合いをする、などという作業は性に合わないのだろう。

●もうひとつの任務は沖縄の占領だった？

ちなみにペリーは、東インド艦隊司令長官として日本行きの指示を受けた際に、いかにも「タカ派」な上申書を提出している。そこでは、「交渉での日本の出方しだいでは琉球を占領する」ということが書かれていて、なんと政府も承認していた。

幸い、日本はペリー来航とその目的を事前に察知していたため、最悪のケースを回避できたが、攘夷派が幕閣の実権を握っていたら、幕末から現在にいたるまで、沖縄はアメリ

※③半年後に再来航　江戸幕府12代将軍、徳川家慶の病死の混乱を突いたと思われる。

マシュー・ペリー提督

カ領だったかもしれない。

ペリーの上申書を承認したのは共和党のタカ派大統領・フィルモアだった。しかし日本に向かう航海の途中で、大統領が穏健外交を掲げる民主党のピアース※④に交代した。

それでも琉球では恫喝を用いた開国要求をするペリー。こうして気分よく日本にたどり着いたのだろう。2度目の来日で日米和親条約（正確には、3月に12条の「神奈川条約」を締結、5月に細則なども含めた「下田条約」を締結）を、その帰路に沖縄で「琉米修好条約」も結んでいる。

ちなみに彼は日本行きを命じられる以前から日本との外交交渉に対する持論を政府に打ち明けていた。そこに書かれているのは、

「蒸気船を見せれば日本国民も近代国家の軍事力がどういうものか、理解するはず」

「中国人にしたのと同様に、日本にも武力で脅しをかける方が、友好的な話し合いで臨むより効果があるし国益にもつながる」

といった威圧的なものばかり。アメリカのネオコンのプロトタイプとでも言うべき強硬派だったのだ。

※④フランクリン・ピアース（1804〜1869）アメリカ合衆国第14代大統領。ニューハンプシャー州から選出された唯一の大統領である。対外的には穏健策を採ったが、奴隷制度を拡大させようとしたことなどから、「米国史上最悪の大統領」のひとりとされる。

●幕府役人に抱きつかれても怒らないペリー

しかし日本では海軍軍人らしい太っ腹を見せたこともあった。開国交渉において、日本側の代表団には林大学頭を全権として、町奉行、浦賀奉行、目付といった面々が選ばれたのだが、その中に松崎純倹《じゅんけん》という男がいた。湯島の学問所の先生で和親条約の漢訳にあたった人物なのだが、彼がとんでもない失態を犯すことになる。

交渉団がペリー艦隊のポーハタン号での晩餐会に招待された夜のこと。ペリーはこの日のために、パリ生まれの料理長に命じて、一週間かけて豪盛な料理※⑤を作らせていた。日本代表団は見事な料理を次々に平らげ、シャンパンやぶどう酒を飲みまくる。

そしてベロベロになった純倹は、その場の誰もが目を疑う行動に出る。ペリーに近付いていくと、首に手を回して抱きつき、「日本とアメリカ、みな同じ心」と繰り返し絶叫。

他の日本側メンバーの心境は想像に難くない。しかも、よほど強く抱擁したのか、ペリーの軍服の肩章が潰れてしまった。軍人の象徴たる軍服をないがしろにされ、ペリーは激怒するかと思いきや、意外にも純倹を咎めることはなかった。当時の日記では、

これで条約が結ばれるなら、肩章のひとつくらい安いものだ。

と、心の広さを見せつけている。

※⑤豪盛な料理
ペリーは料理の内容を詳細に日記に書き記している。曰く「牛一頭、羊一頭、多くの家禽類、ハム、タン、塩漬けの魚、野菜、果物、シャンパン、葡萄酒、ポンス（ブランデーの一種）、各種リキュール」――。日本代表団は「素晴らしい大食漢であることを示して、酔って機嫌が良かった」という。美味しい料理の前では食習慣の違いも関係なかったようだ。

幕末の逸話 其の4

【一万円札の男が身を立てた意外な方法とは?】

金に汚い福沢諭吉大先生

●諭吉さんは拝金主義者

福沢諭吉は言わずと知れた慶應義塾大学の創設者であり、幕末・明治時代の大思想家である。紙幣になっていることから、日本人にとっては馴染み深く、1万円札を「福沢さん」という隠語で呼ぶ人も多い。そのおかげか、2008(平成20)年に国立教育政策研究所が全国の小学生に行った「歴史上の人物の名前と、その業績を一致させることができるかどうか」のアンケートでは、回答者の85パーセント以上が福沢の項目で正答している。

さすがは1万円札の人物と言うべきか、福沢は生前、「拝金主義者」として有名だった。経営難に陥った慶應義塾[※①]の存続に走り回ったときも、自身の功績を盾にして政府から多額の援助を引き出したり、有利な条件での土地の払い下げを受けていたし、明治30年の演説でも、

※①慶應義塾
福沢が1858年、江戸鉄砲洲で開いた蘭学塾。蘭語を教えていたが、やがて英語に転じ、日本を代表する私学へと成長する。慶応の代名詞と言える三田に移転するのは1871年のことである。財政への意識が高く、明治初年から授業料を徴収したことで知られる。

「高尚なる気品がなければ大なる金は生めない」

などと語っている。

かと言って金に汚かったわけではなく、金銭感覚は律儀だったと言われている——が、それは身を立てた後のことであり、青年時代の彼には、金に関する信じられないようなエピソードが残されている。

●〝海賊版〟で出世の手がかりを掴んだ

1835（天保6）年、福沢は豊前国中津藩士の末っ子として生を受ける。地元で漢学を学ぶが、長崎で蘭学に触れるとこれに傾倒し、大坂で緒方洪庵《こうあん》※②が開いていた適塾を目指すのだが、実はこの頃に書籍の〝海賊版〟作成に手を染めることになる。

若かりし日の福沢諭吉

識字率が高かったとはいえ、書籍は庶民や下級武士などにとって、まだまだ高嶺の花だった幕末期。彼は「5～6日貸してくれ」と言って、知人から貴重な洋書を借り受ける。それをなんと1ヶ月近くものらりくらりと手元に置いて、勝手に写本してしまうのだ。

※②緒方洪庵
（1810～1863）
蘭学者、医学者。名は章。坪井信道塾や宇田川玄真に学び蘭語力を培う。1838年、大坂に適塾を開き医業・蘭学の教育に力を注ぐ。適塾には維新後の日本の屋台骨を支えた人材が数多く集った。

もちろん書籍は高価なので写本することは許されていたものの、それには持ち主に筋を通すのが最低限のマナーでありルールだった。ところが福沢は謝礼も用意せず、無断で写本に勤しんだ。いわば書籍を〝盗んだ〟のだ。

写本を作った福沢は、それを持参して大坂に行き、それを手土産として緒方洪庵の門下生になる。そしてオランダ語を習得すると、その写本を翻訳して名声を高め、幕臣に取り立てられることになるのだ。

ちなみに後年、版権※③という概念がまだ発達していなかった明治時代において、福沢は自著の版権保護に血道を上げており、自著の海賊版が出ると買い漁っていたほど。若い頃の所業を忘れてしまったのだろうか。彼と同時代に生きた人が現代の1万円札を見たら、失笑するのではないだろうか。

●遣米使節団としても銭ゲバぶりを発揮

こうして「拝金主義者」福沢の幕臣としての道は拓け、軍艦操練所教授方・小野友五郎直々の指名を受け、万延の遣米使節団に通訳として同行できるまでに出世する。ところが、その旅先でも銭ゲバぶりを見せつけ、同僚や上司を辟易とさせることになる。

なんと使節団の随行員や通訳としての公務より、アルバイトに精を出していたため告発されるハメに陥るのだ。アルバイトの中身は洋書の買い漁りと、手数料名目での経費の中

※③版権
ちなみに初めて「copyright」を「版権」と和訳したのは福沢である。

抜きだ。洋書の購入は公務のひとつであったが、福沢は自身が興味を持った分野の本ばかり購入した。つまり、自腹で買うべき本を公費で買ったということだ。福沢が持ち帰った膨大な数の書籍の中で、公的なものは極僅かだった。にもかかわらず、購入にあたっての手数料（手間賃）まで請求したのだ。

現在でいう職務怠慢や公金横領をアメリカでしでかしたわけだが、彼は他にも切腹ものの重大な罪を犯していた。外交機密を漏洩させて報酬を受け取っていたのだ。帰国後、同様の行為をしていた同僚が切腹させられたのを知って青ざめる福沢。それ以後は、ほとぼりが冷めるまで「忠臣」を装っていたという説もある。実際に、自著『福翁自伝』※④でも「証拠の書付を焼却した」とある。罪の意識はあったのだろう。

諭吉が自慢した少女との写真

そんなアルバイトの合間に何をしていたのかと言えば、ちゃっかりアメリカ人女性と写真に収まっていた。もちろん、当時としては珍しいこと。

福沢はこの写真を使節団のメンバーに見せびらかし、大いに悔しがらせるのだが、この時には、すでに咸臨丸はアメリカを後にしていた。

なぜ撮ってすぐに見せなかったのかといえば、

※④福翁自伝
福沢の自叙伝。1898年から時事新報に連載されたものを書籍化。幼児から晩年までを軽妙な語り口の口語体で綴った。

「現地でバラすと真似する奴が出てくるから」。
子どもじゃないんだから……。

●実は大したことがなかった英語力

使節団の渡米の際、福沢が同僚から反感を買った理由は公金横領疑惑の他に、もうひとつある。彼が小野友五郎に指名されて使節団の「通訳として」渡米したことは先に記した。ところが、福沢の英語は「観光英語」と同僚から揶揄されるほど、とんでもない低レベルだったのだ。英文和訳はまだしも、和文英訳は「なんじゃこりゃ?」という有様。「英語ができる」ことを売りとして、遣米使節に加わったのだから、これは酷い。

というのも、福沢はもともと、幕府公認の外国語であるオランダ語※⑤の習得に励んでいた。自信をつけた彼は、横浜の外国人居留地に出かける。どれだけ読み書きができるのか、会話が通じるのか、実地で確かめてみようとしたのだ。

ところが、横浜に到着してみると、看板は読めないし、道行く外国人の会話を聞いても、さっぱりわからない。無理もない。使われている言語は、主にフランス語や英語だったのだ。そこで福沢は「国際社会においては英語やフランス語の方が、オランダ語より価値がある」と悟る。そして、さっさと蘭学を放棄して英語の勉強を始めたのだった。

つまりは、付け焼刃の英語だったのである。

※⑤オランダ語の習得
福沢の勉強法は非常に烈しく、熱病にかかり床に伏したとき「そういえばこの1年間、布団を被って枕をして寝ることなど一度もなかった」と回想したほどのものだった。

幕末の逸話 其の5

【奇兵隊は自由で平等な組織ではなかった】

実は差別主義者だった高杉晋作

●薄幸の英雄

高杉晋作は長州藩を代表するスーパースターだ。上士[※①]の長男で顔は二枚目、剣の腕は柳生新陰流免許皆伝とエリートそのものの経歴でありながら、藩内で危険視されていた吉田松陰の松下村塾に入門するという〝反骨〟ぶり。留学先の上海で日本が植民地支配の危機にあることを悟ると、尊攘志士となって過激な工作を連発した。

その後は身分にとらわれない新しい軍隊「奇兵隊」を組織し、彼らを指揮して幕府打倒に大いに貢献する。しかし肺結核に冒され志半ばで急逝するという、早熟さと悲劇性を併せ持った日本人好みの人物である。

しかし源義経然り、坂本龍馬然り、こうした「薄幸の英雄」には真偽がはっきりしない逸話が多い。ここでは長州のスーパースターと、彼が組織した奇兵隊の実像に迫りたい。

※①上士
上級藩士のこと。平士、郷士の上に位置する。土佐藩はお家事情もあって、武士同士の身分差別が激しかったらしい。

若かりし日の高杉晋作

●実はバリバリに身分差別があった

まず「奇兵隊」といえば、洋式[※②]の装備を身に纏い、最先端[※③]の近代戦法を用いて縦横無尽に戦場を駆け巡った戦闘集団、というイメージがある。また何より、旧態依然とした身分の違いを超えて、同じ思想のもと新しい時代を切り開くために結集した若者たち、と評される。

しかし、最新の用兵理論や武装を備えていたという点は当たっているものの、身分を超越して思いを同じくした集団だったかというと、疑問符を付けざるを得ない。

下層階級の武士に限らず、農民も参加していたことから勘違いされているのだが、実は隊士の中には仕方なく参加している者もいた。隊を旗揚げしたものの、思うように人員が集まらなかったので、ほうぼうで兵を徴用していたのだ。その徴用に応じて、あるいは脅されたりもして、いやいやながら名を連ねた農民も多かったのだ。

こんな調子だから、「尊皇攘夷の旗印のもと、志を同じくする者が一致結束」などできるはずもなく、思想も思惑もてんでバラバラな集団であったのだ。

何よりの誤解は、時代を先取りする、身分の垣根を取り払った平等な集団というイメー

※②洋式の装備
奇兵隊士はミニエー銃やスナイドル銃といった最新の火器を有し、これをよく操った。

③最先端の近代戦法
奇兵隊の訓練にあたったのは兵学のエキスパートで日本陸軍の祖・大村益次郎である。

ジだ。これは丸っきり逆であり、実像を調べると、身分による区別がバッチリされていたことが分かる。なんと、隊士の身分は、一目見れば衣装ではっきり分かるように示されていた。隊規には、

着服そのほか、かねてよりの御作法相守り、諸子、匹夫の差別相立て候様、隊長よりかたく取締まり仰せつけられ候事

奇兵隊士たち。実は厳格な身分で「差別」されていた。

とある。つまり、隊士の身分によって着る物などを「差別相立てろ」と隊長命令が出ており、士分以外の者を「匹夫[※④]」と差別をして呼んでいたことが示されているのだ。

イメージとは裏腹に、封建社会の縮図がそのまま持ち込まれたような組織だったのである。

設立を主導した高杉自身、そんなイメージの奇兵隊を組織したことで下級士族出身かのように思われているが、高杉家は藩主直属の門閥士族、大組[※⑤]であり、れっきとしたエリート階級なのである。

※④匹夫
身分の卑しい者のこと。

※⑤大組
毛利氏直属の家臣たちで、江戸藩邸、萩城の警護を任されていたエリートたちである。全部で8組。

●豪胆なのか、無節操なのか？

さて、そんな奇兵隊を率いていた高杉の人間性とはどのようなものだったのだろうか。生前の彼の行状を調べると、お世辞にも「ヒーローのそれ」とは言い難い。死後、薩長の大物たちがこぞって持ち上げたものだから「豪放磊落、常識にとらわれない破天荒な人物」ということになっているが、冷静に見れば、単なるチンピラとしか思えない言動が多い。高杉には、とにかく公金の使い込みが多いのだ。

尊王攘夷派の勢いが京都を席巻していた１８６３（文久３）年。天誅騒ぎがあちこちで続発している物騒なご時世に、彼は「将軍・家茂を斬る」と息巻いて、京都の長州藩邸留守居役たちを困らせていた。このまま京都で暴走されてはかなわないと、帰藩を促す藩重役たちに高杉は「旅費がない」と告げる。

そして公金10両を受け取ると、酒浸りの女郎買い。数日で無一文になってしまう。それを2度も繰り返し、強制的に帰国させられる羽目になるのだが、寄港先でことごとく女郎を漁り、大酒を食らう。おかげで、帰藩する前に予算[※⑥]を使い果たすほどだった。

後年、長州出身の維新の功労者たちが絶賛したお陰で「若くして病魔に冒され、はかなく散った英雄」として全国区の知名度を得た。

ところが、明治時代に入ってから高杉の姪2人が、なかなか嫁に行けず難儀したというエピソードがある。やはり地元での評判は良くなかったようだ。

※⑥予算を使い果たす
それでも長州藩は高杉を見捨てず、彼を視察目的で上海に渡航させようと命令を下す。ところが長崎で１０００両もの大金を散財、おまけに入れ込んで身請けまでしていた女郎を、飽きたからと言って叩き売る始末だった。まさに「使い込みの達人」である。

幕末の逸話 其の6

【のんびり大らかな西郷さんなどいない！】
その正体は策略家？ 西郷隆盛

●維新三傑のひとり・懐が深い「悲劇の英雄」の実像

西郷隆盛は、紛れもなく幕府打倒の中心人物であり、明治維新の象徴である。

下級武士の生まれでありながら薩摩藩藩主・島津斉彬《なりあきら》に才を認められ薫陶を受ける。政争に巻き込まれ2度にわたり流罪の憂き目に遭うも、大久保利通をはじめとした西郷を慕う強力な同志たちの力を借り、藩政にカムバック。薩長同盟を成立させて明治維新への道を開き、戊辰戦争では官軍を勝利に導く――。

上野公園に堂々と鎮座する銅像から連想されるのは、果てしなく大きな器を持った「親分肌」の軍事指揮官としての西郷さんである。しかし彼の、志士や新政府要人としてのキャリアを見てみると、イメージを裏切られることになる。

1864（元治元）年、長州藩の軍事クーデター、禁門の変※①では前線司令官のひとりと

※①禁門の変
「蛤御門の変」ともいう。尊攘派の長州藩と、公武合体派の会津・薩摩両藩が京都で激突した戦い。軍配は一日で公武合体派にあがり、敗れた長州藩は多くの有望な志士を失って大打撃を受けた。

して戦う。長州出兵では征長軍の参謀、その後は鹿児島と京都を往復しながら、第二次征長軍への出兵を拒否して薩長同盟締結へ向け暗躍し、１８６７（慶応３）年の王政復古では参与に任じられる。翌年の戊辰戦争では海陸軍御用掛（実質的な軍の最高責任者）、そして征討大総督府下参謀に。戦争終結後は鹿児島に戻り新時代に対応するための藩政改革を主導していたが、やがて維新政権に呼び戻されて参議、陸軍大将、大蔵省御用掛、近衛都督※②を歴任する……。

こうして見ると、西郷はたしかに軍人だが、あくまでも頭を使う軍略家であって、前線で力の限り銃や刀を振るうタイプではないことが分かる。体格に騙されそうだが、実はいつも後方にいて、あれこれと画策する方が得意だったのだ。だから、長州閥の元老・伊藤博文や土佐の大物民権運動家・板垣退助のように、前線での派手な戦闘経験がほとんどなかった。そもそも、藩士時代も主に関係していたのは農政だった。

西郷本人も、「軍略を考えるのは楽しい！」と公言していたほどで、知恵を絞って相手を追い詰めることが得意な人物だったのだ。

●赤報隊の悲劇

そんな西郷に振り回されたのが、有名な赤報隊を率いた相楽総三だ。

相楽といえば、「年貢半減」のイメージが強いが、彼はもともと西郷が組織した破壊工

※②近衛都督
１８７２年、御親兵掛が廃止されたのに伴って発足した近衛局のトップ。天皇直属の親衛隊であり、西郷は山県有朋に続いて２代目の都督に就任した。近衛局は後に近衛師団となり、都督は近衛師団長となる。

作集団の長である。当時、徳川慶喜の大政奉還によって倒幕の大義を失った薩長は、何とか武力衝突の端緒を開こうと江戸の街で挑発行為を繰り返していた。相楽も西郷の命を受けて、江戸市中で略奪、放火といった破壊工作に従事していたのである。

そしてついに戊辰戦争が勃発すると、相楽は※③新政府の許可のもと赤報隊を組織し、目玉マニフェストである「年貢半減」を掲げて東山進軍の先鋒に立つ。米価の高騰に苦しむ民衆はこれを支持し、赤報隊は一躍「時の人」となった。

ところが新政府は年貢半減は財政的に難しいとして方針を覆し「赤報隊が勝手に言いふらしたこと」と結論付け、〝偽官軍〟の烙印を押してしまう。哀れな彼らは小諸藩に襲撃され、処刑されてしまった（「赤報隊事件」）。

西郷隆盛

もし西郷が、本当に果てしなく大きな器を持った、親分肌の男であったのなら、自身のもとで裏工作に従事した相楽たちを見捨てるはずがない。助命嘆願などの動きを見せて然るべきだ。

しかし残念ながら、そのような形跡は一切ない。これでは裏工作をやらせるだけやらせて、都合の悪い情報を墓まで持っていってもらった、と言われてもしょうがないだろう。

※③新政府の許可
どうやら新政府軍は最初から彼らを見捨てる用意があったようで、許可を出しながらも証拠となる「官軍之御印」は出さなかった。後で「赤報隊が勝手にやったこと」と開き直るための布石である。

●銅像すら実像を反映していない

そして維新後、西郷は征韓論を巡る政争から新政府との対立を深め、西南戦争を起こすに至る。ただ西南戦争も、策士・西郷からすれば単純な士族反乱ではなかった。征韓論争に敗れて下野し、鹿児島に戻った西郷だが、陸軍大将の地位だけは保持し続けていた。

自分イコール陸軍なのだから、自分が起こす行動は反乱ではなく、陸軍と政府内の反陸軍勢力が政策を巡って対立しているに過ぎない、と考えたという。ところが鹿児島に引きこもったせいで新政府に不満を抱く士族勢力に体よく祭り上げられ、結局は賊軍扱いされてしまった挙句、城山で切腹に追い込まれることになる。

士族勢力最後の断末魔といえる西南戦争の首謀者となったことによって、西郷は「策士」としてではなく、士族勢力を見捨てられなかった「義理堅い英傑」として名を残すことになった。実像が霞んだまま人々の記憶に定着したわけだが、実は上野公園の銅像の西郷さんも誤解の塊だ。

これは有名な話だが、上野の銅像の除幕式に出席した隆盛の妻は、「うちの人はこんな顔じゃない！」とバッサリ斬り捨てたという。これは西郷の「写真嫌い」に原因がある。銅像を造るにあたり、参考にできる写真がない。そこで実弟の従道と従兄弟の大山巌の顔を参考にモンタージュ合成のように作成したものだから、「なんちゃって西郷どん」[※④]が出来上がってしまったのだった。

※④なんちゃって西郷どん　特に再現が難しかったのが西郷の愛嬌のある唇だったようで、銅像の建設に奔走した薩摩閥の樺山資紀の息子・愛輔は「眼とか顔とか肩の持つ線」は再現できているものの、特徴的な唇は難しかったようだ、としている。

幕末の逸話 其の7

【〝最後の将軍〟が挑んだ浅ましいなすりつけ作戦とは】

徳川慶喜が考えた姑息な作戦

●幕府「期待の新星」は肝心なところで残念な人物

徳川慶喜は言わずと知れた江戸幕府最後の将軍だ。

教科書での彼の記述は、大政奉還を決断、つまり明治維新の最終局面を手招いた旧体制側の代表人物、というくらいのものだ。映画や小説においても「開明的な思想を持っていたものの、改革の道半ばに時代に追いつかれた才人」といった描かれ方にとどまっている。

実際はどのような人物だったのだろうか。

慶喜は徳川御三家[※①]のひとつ、水戸家の出身。父は〝烈公〟徳川斉昭。幼名は七郎麿だった（七男だったことから）。御三卿[※②]のひとつ、一橋家を相続して12代将軍家慶から一字をもらい一橋慶喜を名乗る。

13代将軍・家定の跡継ぎ争いでは本命視されるものの、後ろ盾となっていた大名が相

※①徳川御三家
徳川将軍家の親藩のうち、尾張徳川家、紀伊徳川家、水戸徳川家の3家を指す。それぞれ徳川家康の子を藩祖としている。幕政に影響を与える君主を輩出することもあり、将軍家に跡継ぎがいない場合は男子の供給先にもなった。

※②御三卿
徳川将軍家の親族で、江戸中期に設けられた田安家、一橋家、清水家の3家を指す。領地を持たないが、家の格は尾張・紀伊家と同等。

禁裏御守衛総督時代の慶喜

次いで病死したため紀伊家の慶福に敗れる。とはいえ、慶喜の聡明さには12代将軍・家慶や父・斉昭も太鼓判を押しており、幕府内では引き続き大きな影響力を持つことになる。

慶福改め家茂が14代将軍に就くと、その後見職を務め、参与や禁裏御守衛総督[※③]といった朝廷の職も歴任。禁門の変では御所防衛軍を指揮するなど、順調にキャリアを積み上げていく。

そして家茂の死後、ついに15代将軍へ。このとき数え年にして30歳。ついに悲願を達成したわけだが、せっかくの就任の時に、トホホな駆け引きを見せていた。

あくまで征夷大将軍への就任は固辞し、徳川宗家のみ相続する、と主張したのだ。慶喜が考えたのは「順当に就任するより、いったん固辞した後にみんなの総意で担ぎ上げられて、仕方なく将軍職に就任したという形の方が求心力が増す」ということ。現代の政治家もよく使う手法だが、国難の時にそんな姑息な駆け引きをしている場合だったのか……。

実は慶喜、一事が万事こんな調子で、頭の回転はめっぽう速いものの「策士策に溺れる」タイプ。その集大成とも言える失態が「大政奉還」を巡る駆け引き[※④]。なまじ「徳川家最後の希望」の前評判が高かったから、周囲の失望も時間と共に深くなった。

※③禁裏御守衛総督
幕末期に朝廷が御所を警護する目的で設置した役職。この職について慶喜は京都での権勢を確かなものとし、「禁門の変」では尊攘派の勢力を駆逐することに成功した。

※④駆け引き
118ページ参照。

大慌てで江戸へ逃げ帰る慶喜を描いた浮世絵

●最後の将軍が考えた仰天のトホホ作戦

この慶喜の「姑息な駆け引き好き」は、江戸幕府の終焉が近付いていても治ることはなかった。

薩長との「鳥羽伏見の戦い」[※⑤]で敗色濃厚となり、いよいよ窮地に追い込まれた彼は、大坂城に多くの家臣を残したまま、京都守護職の松平容保《かたもり》や京都所司代の松平定敬《さだたか》（容保の実弟）や愛妾を連れて江戸まで落ち延びることを決意する。

そしてこのとき、慶喜の胸中には恐ろしい謀略が秘められていた。実は、大坂残留組を自主的に切腹させることによって、ことを穏便に済ませようと考えていたらしい。

取り残された家臣たちが続々と「敗戦の責任は我にあり」と素直に切腹してくれれば、自分への追及の手も最小限で済むだろうという、安直にして人任せ、身勝手極まりない駆け引きである。

もちろん残留組はびっくり仰天。主君として戴い

※⑤鳥羽伏見の戦い　１８６８年、旧幕府軍と新政府軍が京都近郊の鳥羽・伏見で激突した戦い。幕軍は１万５０００人、薩長は４０００人と数のうえでは幕軍に利があったが、装備で優る薩長軍が圧倒し、幕軍は撤退した。

ていた慶喜が誰にも知らせずに逃亡してしまったのだ。こんな不意打ちを食らった残留組は切腹する余裕もなかった。薩長にしてもターゲットを慶喜に絞っていたため、彼の目論見は見事に外れてしまった……。

●晩年はカメラをこよなく愛する

慶喜は東征大総督・有栖川宮熾仁親王に率いられた新政府軍が進軍を開始すると、依然士気の高い幕臣たちを諫め、自身はさっさと寛永寺にしおらしく謹慎。後を任された勝海舟が西郷隆盛と交渉し、江戸城が無血開城される運びとなると、慶喜は旧幕臣たちの暴発を恐れ、またも水戸へ逃亡。こうして250年以上続いた徳川政権は幕を閉じた。

明治に入ると静岡に居住し、有り余る時間と金を趣味に注ぎ込む。器用な慶喜らしく、ハマったものも写真・狩猟・投網・囲碁・謡曲・弓道・手裏剣など多岐にわたる。とくに写真撮影をこよなく愛し、写真雑誌『華影』に投稿しまくるという熱中ぶりだった。

さらに、日本人としてはいち早く自転車にも目をつけ、市中をご機嫌で乗り回していたというから何とも気楽な余生である。

こんな慶喜を見て、最後まで付き従った老中・板倉勝静《かつきよ》はこんな言葉を残している。

慶喜と行動を共にしたことを後悔している。

※⑥誰にも知らせず
最も気の毒だったのは幕府海軍を率いていた榎本武揚である。慶喜は武揚にも知らせずに、海軍の旗艦である「開陽」に乗って逃亡してしまったのだ。しかし、それでもあくまで武揚は新政府軍に抗戦し、箱館戦争を戦うのであった……。

※⑦投稿しまくる
しかし、なかなか採用されることはなかったらしい……。

幕末の逸話　其の8

【馬鹿馬鹿しい規則に泣いた維新の英雄】

なぜ大村益次郎は死んだのか？

●長州が誇る維新十傑の異名は「火吹き達磨」

大村益次郎は、明治維新に功があった「維新十傑」のひとり。長州藩の医師にして軍学者で、長州征伐、戊辰戦争で長州軍を指揮して新政府軍を勝利に導いた人物である。日本陸軍の実質的な創設者[※①]であるし、その顕彰施設といえる靖国神社を建立したことでも知られる。その最期は狂信的攘夷論者に暗殺されたものであるが、実はその裏に驚きのエピソードが隠されていることをご存知だろうか。長州藩が誇る天才軍師の事跡と共に振り返ってみよう。

益次郎は村田蔵六と名乗っていた時代の活躍が顕著だから、こちらの名前で記憶している読者もいるかもしれない。長州藩の田舎で村医者の長男として生まれた彼は、当初は知識人としての道を歩んでいたが、維新の動乱期を境に軍人としての才能を開花させる。

※①実質的な創設者　諸藩の廃止や廃刀令の実施、徴兵令の制定、鎮台の設置、兵学校設置による職業軍人育成など、日本陸軍の骨組みは大村が構想したとされる。

大村益次郎。特徴的な頭部だ。

医学とともに蘭学を学び、24歳で大坂に出ると、緒方洪庵の適塾に入る。遊学なども経験して、最後には塾頭を務めるまでになる。

一度は父の要請で村医を継ぐものの、黒船の来航が益次郎の人生を変えた。蘭学の知識が広く求められた時代、彼は宇和島藩（愛媛県）の要請で出仕することになった。そして宇和島時代に、村田蔵六と改名する。

ここで、大村の評価の高さを物語る宇和島時代のエピソードを紹介しよう。

出仕した当初、藩主の伊達宗城《むねなり》は参勤交代で不在、家老も所用で京都にいた。留守を任されていた役人は、益次郎を年10両2人扶持という条件で雇った。しかし家老が帰藩するなり、役人は激怒される。「ギャラが安過ぎるではないか」というのが、その理由だ。すぐさま益次郎は100石取りの上士格御雇という、破格の待遇が与えられたのだった。

1854（安政元）年から翌年にかけては長崎で軍艦建造の研究に従事するかたわら、「シーボルト事件」を起こしたフィリップ・シーボルトが日本に残した娘で、産科の勉強をしていた楠本イネ※②に蘭学を教えている。そして2年後、江戸へと旅立っていった。

蘭学や医学を教える塾を開塾した直後、幕府の招きを受けて蕃書調所教授方手伝に就任

※②楠本イネ（1827～1903）
産科女医。ドイツ人であるシーボルトと日本人女性・たきとの間に生まれたハーフである。オランダ語を学び、岡山の石井宗謙、長崎の阿部善庵らに産科の医術を学んだ。

（身分は宇和島藩士のまま）。翌年には講武所教授に着任している。ここでは当代最高水準の講義をする先生として評価を高めた。このころに長州藩の木戸孝允と出会っていて、1860（万延元）年には彼の推薦で、江戸にいながらにして長州藩士になった。

長州藩では外交関係にタッチした後、しだいに軍事系の仕事が増えていく。そして長州征伐を経て、高杉晋作たちが藩の軍制改革に着手すると、大村はその指導者に迎えられた。

このころに、藩からの命令で大村益次郎と改名しているが、大村とは彼が生まれ育った村の字名が由来だ。さらに、名付け親は諸説あって（高杉晋作とも周布政之助とも）はっきりしないが、風貌から「火吹き達磨」※③のニックネームを授かってもいる。

第二次長州征伐では大村も実戦指揮官として奮戦する。このときの用兵が合理的で無駄がなく、軍略家としての才能も名声も一気に高めることになった。戊辰戦争では、彰義隊で有名な上野戦争を指揮。戊辰戦争が集結すると、1869（明治2）年には、大村の発案で、官軍戦没者を祀る東京招魂社が建立された。現在の靖国神社である。

●落命する原因となった新政府の意外な珍ルール

1869（明治2）年、大村は、軍事施設の建設予定地などを視察するという目的で、京都から大坂を回る巡察に向かう。ところが、彼が提唱する近代的軍隊の創設・育成計画を快く思わない狂信的攘夷論者がいた。出発の段階で、そうした反大村勢力が「暗殺」に

※③火吹き達磨
何も達磨が火を吹くわけではなく、火鉢などの火を吹きおこすのに用いる江戸時代の道具のこと。銅などで出来ており、小さい達磨形の容器で、水を入れて火のそばに置くと、熱せられて口から蒸気を噴いて火を熾す。大村の特徴的な頭部がその形にそっくりだったのである。

及ぶという噂があったため、盟友の木戸孝允は巡察旅行に反対したのだが、益次郎は聞き入れずに出かけてしまった。

巡察を終えて京都で会食中、事件は起きた。元長州藩士の団伸二郎、神代直人ら8人の刺客が益次郎に襲いかかったのだ。同席していた2人は死んでしまったが、大村は何とか一命を取り留めた。とはいえ、額にこめかみ、腕、右ひじ、右ひざなどを斬り付けられて重傷。特に右ひざは、骨まで達するほどに刀傷が深かった。山口藩邸で治療を受けたが、傷口から細菌が入って敗血症に。

国の重鎮の一大事に、寺内正毅※④や児玉源太郎※⑤といった、後の日本陸軍を支える人材が担架で大坂の病院に緊急搬送。オランダ人医師ボードウィン、緒方惟準（師匠・緒方洪庵の次男）、前出の楠本イネとその娘・高子といった日本一流の医療スタッフが顔を並べて、必死の治療を続けたのだが……。

ボードウィンが、「一命を取り留めるためには左大腿部を切断する必要がある」と判断したものの、すぐに手術できなかったことで、彼の運命は定まってしまった。

施術できなかったのは、なんと「政府要人の手術には明治天皇の許可が必要」という決まりがあったから。そのための通信で江戸と大坂を往復しなければならないタイムロスがあって、勅許を待つ間に手遅れになってしまったのだった。11月5日、長州の「火吹き達磨」こと大村益次郎は敗血症による高熱でこの世を去った。

※④寺内正毅
（1852～1919）
長州藩出身の陸軍軍人。第二次長州戦争や戊辰戦争に従軍後、陸軍に入る。日清戦争では兵站の責任者として、日露戦争では陸軍大臣として日本の勝利に貢献。1916年には内閣総理大臣に就任した。仇名は「ビリケン宰相」。

※⑤児玉源太郎
（1852～1906）
長州藩出身の陸軍大臣。箱館戦争、佐賀の乱、神風連の乱で戦歴を積む。日露戦争では満州軍総参謀長を務め奇跡的な勝利を演出する。日本の勝利に全ての力を使い果たしたかのように翌年急死した。

幕末の逸話
其の9

【ただの人斬り集団ではなかった！】

意外に進んでいた新選組

●お馴染みのダンダラ羽織はユニフォームにあらず？

新選組といえば、※①浅葱色のダンダラ羽織だ。袴を穿いて、チョンマゲ頭に巻かれた鉢巻も凛々しく、狙った獲物を確実に仕留める手練の戦闘集団。こういったイメージが一般的だろうか。紛れもなく、幕府側のアイドル的存在である。

隊士たちのキャラクターも個性豊かだ。色白のイケメン剣士・沖田総司に、荒くれ者を冷静にまとめる組長・近藤勇。参謀格は義に生きた「鬼副長」土方歳三。彼らを筆頭に薩長に立ち向かった、凄腕の剣豪集団として日本人には記憶されている。

チョンマゲに和装に刀。こういった新選組へのイメージは、彼らが本物の「武士」だったという認識から来るものだろう。しかし、これらの定番ともいえる姿にも、たくさんの〝誤解〟が潜んでいる。

※①浅葱色のダンダラ羽織　羽織のダンダラ模様は『忠臣蔵』で赤穂浪士たちが吉良邸に討ち入る際に着ていた羽織の模様。浅葱という色はこれまた赤穂浪士たちが切腹する際の裃の柄だ。

まず、あのダンダラ羽織。ドラマなどでは市中巡回などで外出するとき、いつも隊士全員が身に纏っていることが多い。実は、これが間違いなのだ。

あの羽織は、彼らにとってはデモンストレーション用の衣装という位置づけだった。つまり「ここに新選組あり」ということを京都市中で示威するために使われるものだった。いわば、よそ行きの服装であり、ユニフォームだったわけではないのだ。だから隊士全員に行き渡ってもいなかったようだ。色やデザインにしても史料が残っているわけではないから、おなじみの模様ではなかった可能性がある。

たしかにあの羽織を着て斬り合いをする姿は、とても勇ましく「画面映え」する。しかし新選組はあくまで京都所司代直属の「秘密警察」[※②]だ。隠密裡に動くのが仕事なのに、あの羽織を着ていては「ここにいますよ」と言っているようなものだ。「私の名はボンド。ジェームズ・ボンド」などと自ら本名を名乗るスパイは、映画の中にしか存在しない。

また、あれほどゆったりした衣装を着ていては、身のこなしにも支障をきたす。有名な「池田屋事件」など、狭い屋内で迅速にターゲットを抹殺する仕事も多かったのだから、羽織を着ていては命に関わる。実際は目立たず、動きやすい服装で突入していたのだ。

●刀だけに頼る戦闘集団ではなかった

こういった服装とも関連して、新選組と言えば「刀一本で敵と渡り合う」といったイ

※②秘密警察
新選組の管轄は伏見や祇園であった。他の地区は会津藩兵や京都見廻組が担当していた。

メージが先行しているが、これも誤解のひとつ。

実は近藤や土方も、時代の趨勢に従って西洋知識の吸収に努めていたし、蘭方医の松本[※③]良順を訪問している。第二次長州征伐の前後は特に顕著で、良順の指導で隊全体の生活改善をしたこともある。鳥羽伏見の戦いにおいては、隊士全員が鉄砲を持っていたという。

しかも装備品は、全てではないものの最新式の元込銃。決して刀だけに頼る剣豪集団ではなかった。洋装のマントとズボンも買い揃えていたほどで、洋式の近代的戦闘集団としての装いを着実に進めていたのだ。

その余波として、戦国時代の甲州流軍学を修めた隊士・武田観柳斎《かんりゅうさい》は新選組から距離を置いている。隊の近代化の波を感じ取ったのだろうが、あえなく粛清されてしまった。

新選組は常にこのような格好をして警備をしていたのではない。（写真提供：朝日新聞社）

外見だけではなく、経済面でも〝先端〟を採用していたのが新選組。当時としては革新的な棒給制度が採用されていたのは歴史ファンなら知っていると思うが、彼らが会計簿までつけていたことは、あまり知られていない。現在、新選組が多方面で活動資金を工面していたことがわかるのは、彼らが公文書としての会計簿を付けていたからなのだ。

※③松本良順（1832〜1907）
軍医。幕府医官の養子となり医学を学ぶ。長崎で蘭医術を学び江戸に帰ってからは医学所の改革に取り組む。戊辰戦争では会津に病院を設けて戦傷者の治療に尽くした。牛乳や海水浴の効能を日本に紹介したことでも知られる。

●よく知られる「局中法度」は空想の産物？

また、新選組といえば代名詞のように語られるのが厳格な「局中法度」。山南敬助ら、苦楽を共にしてきた同志といえども、法度に逆らったのなら容赦はしない。泣く泣く仲間を斬り捨てるという悲劇性と併せて、広く語られてきた。

しかし、実は新選組の隊則に「局中法度」というものは存在しない。時々に応じて規則は作られていたようだが、明文化されたものが残っているわけではない。

初めて規則の存在と中身が明かされたのは明治も終わりになってから。新選組の生き残り・永倉新八が、小樽新聞社の取材に応えた中で明かされた「4箇条の禁令」だ。これではおかしい。一般に新選組の「局中法度」は5項目からなるというのが定説だが、ここでは4項目に減っているうえに、「禁令」と呼ばれている。

幹部だった永倉が隊則の名前を失念するとは考えにくいから、新選組には規則が4つあったものの、特に名前が付けられていたわけではなかった、という方が事実だろう。

では一体、「局中法度」とは誰が作った言葉なのだろうか。

それは歴史小説家の子母澤寛※④だ。彼は生き残った旧幕臣への聞き書きを行い、『新選組3部作』を世に送り出すことになるのだが、ここではなぜか隊の規則が「局中法度」として明文化、厳格化されている。つまり子母澤が創作してしまったのだ。

とはいえ、彼を責めることはできない。これらの作品は純然たるドキュメンタリーやノ

※④子母澤寛（1892〜1968）
小説家。元彰義隊士で函館戦争で捕虜になった御家人を祖父に持つ。明治大学法学部を卒業後、読売新聞社などを経て東京日日新聞社へ。この頃から旧幕臣への聞き書きをはじめ、『新選組始末記』『新選組遺聞』『新選組物語』の「新選組3部作」を世に出す。池波正太郎や司馬遼太郎ら後進は、この3部作を活用した。

新選組「局中法度」

一、士道に背くまじき事

一、局を脱するを許さず

一、勝手に金策致すことを許さず

一、勝手に訴訟を取り扱うことを許さず

一、~~私闘を許さず~~（※創作の可能性大）

以上の条文に背く者には切腹を申し付ける

子母澤寛が創作した「局中法度」

ンフィクションではなく、あくまでも時代小説だ。そこに創作性が盛り込まれるのは当然のこと。ストーリーに彩りを添えるものとして格好いい「局中法度」なるネーミングを考案したのだと思われる。

法度がフィクションなのだから、当然隊則が厳格に守られて、脱退は許されず、逃げれば地の果てまでも追い詰めて斬り捨てた、ということもフィクションに過ぎない。

前述のように隊則の史料は存在しないため推論の域を出ないのだが、少なくとも「脱隊は決して許すまじ」といった厳しい縛りはなく除隊後も命を全うしている元隊士[※⑤]は意外といることが分かっている。

おそらく、芹沢鴨一派や伊東甲子太郎一派の粛清事件が、イメージに拍車をかけているのだろう。

※⑤元隊士
佐久間象山の息子・三浦敬之助や篠原泰之進のほか、阿部十郎に至っては2度脱退している。その他多数。

●ほとんどの死者は内ゲバによるもの？

このように隊規が明確でないにもかかわらず、新選組の内ゲバはとても激しかった。それもそのはず、彼らは正規の武士ではない、様々な身分出身の者たちで構成されていたからだ。「尊皇攘夷」という旗印を掲げていたとはいえ、結成当時の目的は「上洛する14代将軍・家茂の護衛」だった。いわば、腕に覚えがあるボディーガード集団だ。土方歳三など、類まれな資質を備えたリーダーがいたとしても、治安維持組織として運用し続けていくのは至難の業であった。

それを示す数字がある。

1868（慶応4）年以前の5年間で新選組が出した死者数は45名。最盛期の隊士数は200人だったというから、45名とは大変な人数だ。さぞや薩長の志士たちと血で血を洗う抗争を繰り広げたのかと思いきや、志士たちとの戦闘[※⑥]で命を落としたのはわずかに6人。残りは粛清、暗殺、切腹によるもの、つまりは内ゲバでの死者である。

せっかく1867（慶応3）年には隊士全員が幕臣として取り立てられたというのに、データを見る限り、この大事な時期に新選組が最も注力していたのは、いわば「同士討ち」であり、志士たちとの戦いではなかったということになる。

これではいち早く洋式軍隊に対応したところで、満足な活躍もできなかっただろう。

※⑥志士たちとの戦闘
そもそも、新選組の主たる目的は「捕縛」であって「殺害」ではないので、志士たちより、よほど身内への仕打ちの方が厳しかったと言える。

第二章
歴史を変えた大事件の舞台裏

幕末の逸話 其の10

桜田門外の変の真実

【雪が降っていなければ結果は違っていた？】

●「桜田門外の変」をおさらいしてみると

「桜田門外の変」は、あらゆる教科書に必ず載っている歴史的な事件である。大老となった井伊直弼が、勝手に日米修好通商条約に調印したり、徳川家茂を強引に14代将軍にしたり、「安政の大獄」で政敵を抹殺するなどの強引な政治手法で恨みを買い、「桜田門外の変」で殺された――。

これが一般的な認識だろうか。しかし事件の経過はこう単純明快ではない。どういうことか、詳しく見てみよう。

まず、1858（安政5）年にアメリカ総領事ハリスが「日米修好通商条約」※①の承認を幕府に求めてくる。対応に当たったのは老中・堀田正睦《まさよし》。彼は上洛して勅許を求めるが、岩倉具視ら攘夷派の公卿88人が座り込みをするという事態に発展してしまう。孝明天皇も

※①日米修好通商条約
日米間で初めて結んだ通商条約。同時期にアメリカほかイギリス・フランス・オランダ・ロシアとの間で結ばれた「安政5か国条約」と総称される条約の中で、アメリカ以外の条約は単なる通商条約で、「修好」条項が入ることで経済に留まらない関係を結んでいるのが特徴。

桜田門外の変。井伊の首を巡って壮絶な闘いが繰り広げられた。

強硬な攘夷論者であったため、正睦は失意のうちに手ぶらで江戸に帰ることになる。

その直後、彦根藩主の直弼が老中から昇格して「大老」[※②]に就任。従来は名誉職だったが、臨時に全権を掌握した。

井伊の彦根藩の始祖は徳川家康の天下取りを支えた徳川四天王[※③]のひとり、井伊直政。井伊家だけは四天王の中で大老を輩出して幕政にもタッチする、特殊な家柄であった。

彼が果たすべき第一の政治的課題は当然、いったん頓挫した「日米修好通商条約」を調印にこぎつけること。そしてその障害となる「尊皇攘夷」を叫ぶ勢力の力を削ぐことであった。

直弼は条約の調印には勅許が欠かせないと考えていたが、痺れを切らしたハリスは「早くしないと、アヘン戦争で勝利した英

※②大老
将軍が未成年などといった事態に、将軍を補佐する立場として老中の上位に置かれた臨時職。大老職に就任できるのは井伊・雅楽頭系酒井・土井・堀田の四家しかなく、それ以外の家から輩出された場合は「大老格」に留められた。

※③徳川四天王
徳川家康の天下統一に、特に功のあった家臣たち。最古参の臣・酒井忠次、比類なき武勇を持つ本多忠勝、戦だけではなく内政にも才を見せた榊原康政、家康の子の舅になるほど信の厚かった井伊直政の４人。

仏が、余勢を駆って日本を侵略しにくるぞ！」と脅しをかけてくる。

やむなく、直弼は外交官として全権を託していた幕臣・岩瀬忠震《ただなり》に調印の権利だけは与えておいた。すると急進派の忠震は勅許が得られないまま、さっさと「日米修好通商条約」に調印。勅許にこだわっていた井伊としては釈然としない幕切れとなった。つまり、よく言われている「井伊の独断」とは実態は違っていたのだが、周囲はそう捉えない。

これによって朝廷、ひいては尊皇攘夷を主張する勢力から反発を受けることになるのだが、直弼はこれに「安政の大獄」というカードで対抗する。自身が徳川家茂を推していた将軍継嗣問題と合わせ、自身の政策に異を唱える各藩[※④]の志士から公卿に至るまで片っ端から投獄、処刑。

この政治手法が急進的・独善的であると忌み嫌われ、特に「将軍継嗣問題」でも鋭く対立していた水戸藩の面々からは蛇蝎の如く嫌われることになる。

やがて「井伊を殺してしまえ！」と不穏なことを考える勢力が現れるようになり、その一部で近場にいた水戸浪士[※⑤]たちが結託して、井伊が江戸城に登城する機会を狙って暗殺計画を立てることになる。

1860（安政7）年、3月3日（上巳の節句）。井伊は桜田門の近くで襲撃を受ける。井伊が乗る籠の周囲には警護の藩士もいたのだが、引きずり出されてメッタ刺しされて、ほどなく死亡。事件後の路上には籠だけがポツリと残された。これが「桜田門外の変」の

※④各藩の志士から公卿
大名では一橋慶喜に徳川慶勝、松平春嶽や伊達宗城、山内容堂などの大物が謹慎を命じられ、内大臣・一条忠香、左大臣・近衛忠熙、右大臣・鷹司輔熙らの公卿は辞官を申し渡された。吉田松陰や橋本左内、頼三樹三郎、梅田雲浜らの志士は処刑。

※⑤水戸浪士
前藩主・斉昭以来の攘夷思想を旨としていた高橋多一郎や金子孫二郎といった水戸藩士に加え、在府の薩摩藩士有村次左衛門などが首謀した。襲撃前にそれぞれ届けを出して脱藩、浪士になっている。森五六郎が切りかかって撹乱し、襲撃がスタート。実行部隊にも加入していた有村が重傷を負うなどしている。

あらましだ。

●季節はずれの雪が歴史を動かした？

実はこの襲撃時、現場付近は大雪が降っていた。そこで護衛たちは、雪から刀身や鞘などを保護する覆いを使い、それを紐で結んでいた。これでは不意の襲撃に対応できない。

また、雪を避けるためのカッパも着用。ますます動きは制約を受ける。こうした出で立ちは、登城するときの作法に則ったものだった。

襲撃してきた浪士より護衛の方が人数では優っていたのに、刀が抜けないから応戦できない。そうこうするうちに護衛たちは次々と斬られて戦闘不能となり、暗殺犯たちがやすやすと主君に殺到できる状況を生み出してしまったのだ。

現在の桜田門

暗殺犯たちは井伊の髪をつかんで外に引きずり出し、

「天誅！」[※⑥]

叫んで首を斬り落とす。その直前に放たれた銃弾が井伊を貫いていたという説もある。井伊の家臣は、何とか

⑥天誅
本来は神が悪に対し罰を加えることを指すが、幕末では尊攘派の志士たちが対立分子を粛清する際に、大義名分として連呼した。

暗殺された井伊直弼

主君の首だけは敵に渡すまいと奮闘する。家臣はどうにか近くの番所に首を持ち込み、亡き主君の首と胴体を縫って継ぎ合わせた。

さて、ここで護衛がだらしなかった、と考えるのは早計だ。

実は襲撃される可能性については井伊自身も承知していたし、不穏な噂も耳に届いていた。それとは別に大老就任も文字通り命を賭けた覚悟であり、引き受けた時点で自分の戒名を作っていたほどだ。

当日朝には「襲撃予告」の封書が邸内に投げ入れられ、井伊自身も目を通している。

それでも、刺客を警戒しての臨戦態勢で登城するわけにはいかなかった。というのも、そういった格好で主君の城に入れば謀反を疑われるし、そうでなくとも余計な詮索を生んで幕府権力を失墜させることに繋がるからだ。

だから堂々といつも通りに登城した。なおかつ彦根藩邸から桜田門[※⑦]までの距離は、わずかに100メートル。この間に襲撃を目論む輩がいたとしても、失敗するだろうという読みもあった。さらに当日は、例年なら雪が降らないような季節。それがなんと大雪である。

井伊にとっては不幸な偶然が積み重なってしまったのだ。

※⑦桜田門
実は桜田門は、もうひとつの歴史的事件の現場になっている。それは、日本にも数件しかない天皇の暗殺未遂事件。1932年、昭和天皇に朝鮮の独立運動家、李奉昌が手榴弾を投擲、近衛兵ひとりを負傷させた。犯人には「大逆罪」が適用され、処刑された。

もっといえば、水戸浪士のグループも、綿密な作戦を立てていたわけではなかった。鎖帷子に身を包み、護衛とは違って動きやすい格好ではあったが、いかんせん数で劣っていた。何とかして護衛の反撃をくぐり抜け、あわよくば井伊を暗殺、最低でも籠に一太刀は浴びせたい、というのが思惑であったはずだ。

もし、雪が降っていなかったら、どうなっていただろう？ それだけで暗殺は失敗していた可能性が高い。※⑧彦根藩士の勇猛さは評判だったし、人数にも差があるとすれば多勢に無勢。水戸浪士たちは押し切られたであろうことは想像に難くない。

時の運が直弼に味方しなかったのだ。

●早々に知れ渡った惨劇は〝公然の秘密〟に

さて、この「井伊大老横死」というショッキングなニュースは、どれくらいの時間で人々の知るところとなったのだろうか。もちろん幕府はひた隠しにしたのだが、意外に情報が伝わるのは早かった。

当日は江戸在住の大名たちが一斉に登城する日だったため、集合時間の朝10時の時点で姿を見せていない井伊について「何かあったのでは……」という疑念が渦巻き始める。その1時間後には、事態を察した大名のお供たちが予期せぬテロに備えて雨具もつけずに門外に控えるなどして、江戸城内外が緊迫した雰囲気に包まれていった。

※⑧彦根藩士の勇猛さ
護衛だけでも腕が立つ剣士はひとりや2人ではなく、二刀流の使い手として知られた河西忠左衛門、永田太郎兵衛は不利な状況下においても奮戦し多くの浪士に重傷を負わせた。

こんな調子だったから、桜田門外の異変はすぐに江戸中に知れ渡り、さらに雪の上に井伊家の家紋がついた籠と鮮血が放置されていたから、現場の様子は噂となってどんどん広まっていった。諸大名の登城を物陰から見物する野次馬もいたし、瓦版[※⑨]も時を置かずして発行され、概ね正確な情報を伝えていたようだ。

「大老の暗殺」は幕府の権威を揺るがす不祥事だったので、井伊の死はしばらく公表されず、病気療養ということにして、後から「病死」と発表した。家督相続も通常の手続きで済ませるという隠蔽工作もおこなった。しかし、前述のように、事実は江戸中に知れ渡っていたから、「公然の秘密」であった。

ちなみに井伊家の菩提寺がある東京・世田谷では、いつごろまでか不明だが、3月3日に雛人形を飾らなかったそうだ。桃の節句が「桜田門外の変」の日で何となく不吉だから、世田谷に嫁入りする娘は、嫁入り道具のひとつである雛人形を持たされなかったという。

※⑨瓦版
現代の新聞のようなもので、半紙1枚程度の大きさ。庶民にとっては貴重なニュースソースで時事問題を取り扱うものやゴシップを追うものなど多種多様。瓦版業者同士の熾烈な読者獲得競争もあった。文字が読めない者でも内容がわかるように版画絵が併載されるのが一般的な体裁。

幕末の逸話 其の11

【あまりにも悲劇的な末路】

生麦事件の犠牲になった英国婦人

●精神に異常をきたして若死した悲劇の英国婦人

1870（明治3）年、ひとりのイギリス人女性が母国で難産の末、娘を産み落としてこの世を去った。享年36歳。名はマーガレット・ワトソン・ボラデール。名門商人の妻であった。彼女の死には精神的な要因も関係しているとされ、なんとその原因を作ったのは日本のとある事件だった。

「生麦事件」――。その特徴的な名称から、事件を記憶している読者も多いことだろう。1862（文久2）年8月。薩摩藩の島津久光が江戸から帰国する途中、横浜に近い生麦村にさしかかったところ、行列に対して無礼を働いたイギリス人4人がいたため、薩摩藩士がこれを「無礼討ち」[※①]にした事件。イギリス人4人のうちひとりは死亡した。

その結果、幕府は財政難にもかかわらず多額の賠償金をイギリスから請求されることに

※①無礼討ち
武士に許されていた特権で、非礼を働いた町人をその場で切り捨ててもいいという制度。ただ、理由があれば、斬ってしまっていいというほど簡単ではなく、殺害するに足る確固たる理由を説明できる必要があるなど、一般的なイメージほど簡単に用いることができた制度ではない。

なり、薩摩藩は「薩英戦争」でイギリス艦隊と交戦。列強の力を目の当たりにした薩摩藩は「攘夷」から「開国」へと方針転換し、イギリスもまた薩摩の底力を認めて彼らと急接近するようになる……。

幕末史のターニングポイントのひとつとも言える事件だが、実はこの凶刃は日本の歴史だけではなく、ひとりのイギリス人女性の人生をも狂わせたのである……。

●緊迫の「生麦事件」を再現する

当時、薩摩藩主・島津茂久の父で藩政の実質的な指導者でもある〝国父〟久光は、自ら唱える「公武合体論」[※②]に則した政治改革を幕府に実行させるため、江戸に入った。

700人もの兵を率いての上京で、藩による武備上京という事態も前代未聞なら、外様藩が直接幕政にモノ申すというのも前代未聞だった。もっといえば、当主でもない人物が大名行列を組むこともおかしいし、とにかく、どれをとっても「珍事」であった。

久光としては立ち寄った京都から加わった勅使・大原重徳の護衛という名目で兵を引き連れていたのだが、それが建前であることは、誰の目にも明らかだった。武力を背景にした〝脅迫〟は功を奏し、幕府の人事に一応の成果を得られた久光。自分が上京した目的を果たせたので、薩摩に帰国することになった。

事件当日。江戸を出発した久光ご一行は、やがて生麦村にさしかかる。

※②公武合体論
「公」とは朝廷、「武」とは幕府。両者が緊密に連携して国難に対処しようという政治思想で、その象徴として将軍・家茂と皇女・和宮（明治天皇の叔母）が結婚して家をひとつにする「和宮降嫁」が実現した。

生麦事件の現場となった生麦村（写真：横浜開港資料館所蔵）

そこで行列と行き交ったのがイギリス人4人。横浜在住で生糸の商いをしていたウィリアム・マーシャル[※③]。アメリカ人が横浜で経営する商店に勤務するウッドソープ・クラーク。観光目的で来日していたチャールズ・リチャードソン。そしてただひとりの女性が冒頭で紹介したボラデール夫人。マーシャルの義妹であった。

彼らは日曜日を利用し、川崎大師を観光しようと馬で東海道を進んでいた。

下馬して道を譲るのが大名行列に対する礼だったが、4人は馬から下りずに近付いていった。これに対し薩摩藩士は「脇に寄って待て！」と身振りも交えて警告した。

その土地の風土を把握しておくのは海外旅行を安全に過ごすために大切なことだが、残念ながら4人は、事前に「道中で特

※③マーシャル
彼とクラークはビリヤード仲間。ちなみに2人は生麦事件に遭った後も日本で仕事を続け、そのまま没した。墓地は横浜の外国人墓地にある。

別な配慮を必要とする行列とすれ違う可能性がある」ことを聞※④いていなかった。

街道の脇に避けたものの乗馬したまま通行を続け、ついに久光を乗せた籠の近くまで進んできてしまった。薩摩藩士たちは「引き返せ！　引き返せ！」と4人に促す。仕方なく馬首を返した4人だったが、時すでに遅し。

乗馬したままというだけでも大変な無礼である上に、あろうことか〝国父〟の行列を乱し、通行を妨げたのも大きな非礼。こういう場合、武士の側には無礼討ちが赦されていたから、激昂した薩摩隼人たちは当然のように4人に斬※⑤りかかる。

斬りかかられた4人のうち、リチャードソンは逃げ切れずに馬から転げ落ちたところを喉を刺し貫かれ絶命。残る男性2人は重傷を負いながらも現場から脱出して一命をとりとめた。

ボラデール夫人は袈裟懸けに斬りかかられたが、馬上にあったお陰で帽子と髪の毛の一部を斬られただけで無傷であった。そして連れの男2人に、

「馬を飛ばしなさい！　私たちは、あなたを助けられない！」

と言われ、我を忘れて横浜方面に。

横浜居留地に逃げ帰ったボラデール夫人は半狂乱で領事館に変事を伝える。

報告を受けたイギリス軍のヴァイス中佐は、司令官の命令を待たずに公使館付きの騎馬護衛兵を率いて現場に急行する。医師のウィリスも、使命感から現場に向かった。一番乗

※④聞いていなかった
当時来日していたアメリカ人女性宣教師のマーガレット・バラによれば、幕府から「ある主君の行列が東海道を下って行くことになっていたので、乗馬は控えるように」との勧告が出ていたようだ。決して避けられなかった事件ではなかったのだ。

※⑤斬りかかる
初太刀を浴びせたのは奈良原喜左衛門。薬丸自顕流の使い手であった。この流派は打ち込みの際に気合のために「キエーッ！」と絶叫することで有名。奈良原は叫びつつ飛び上がりながら抜刀し、一の太刀を加えたと推測される。とても避けきれる一撃ではなかっただろう。

襲撃の様子を描いた絵画。中央にボラデール夫人が確認できる。

りしたのは彼であった。居留地の住民で、馬や銃を持っている者たちも、武装して現場に駆けつけた。

事変を伝え聞いたフランス公使・ベルクール[※⑥]と中尉・プライスも、護衛兵を率いて現場に急ぐ。途中で久光一行とすれ違ったが、彼らは、その行列が「犯人」だとは気付かなかった。

脱出に成功した重傷の2人は、神奈川にあるアメリカ領事館に逃げ込んだ。ヘボン博士が、彼らの外科手術を手がけた。リチャードソンの遺体も、そこに運び込まれた。

夜のうちにイギリスのキューパー提督が軍艦を率いて横浜に到着。久光一行が、横浜から近い保土ケ谷に宿泊するという情報も入手できた。軍隊を派遣して久光一行を

⑥ベルクール
（1817〜1881）名はギュスターヴ。フランスの外交官。1859年に来日し、フランス人として始めての領事となる。2年後に公使に昇格。生麦事件後は幕府と親密になり、その友好関係は2代目公使のロッシュにも引き継がれた。後にレジオンドヌールを授与される。

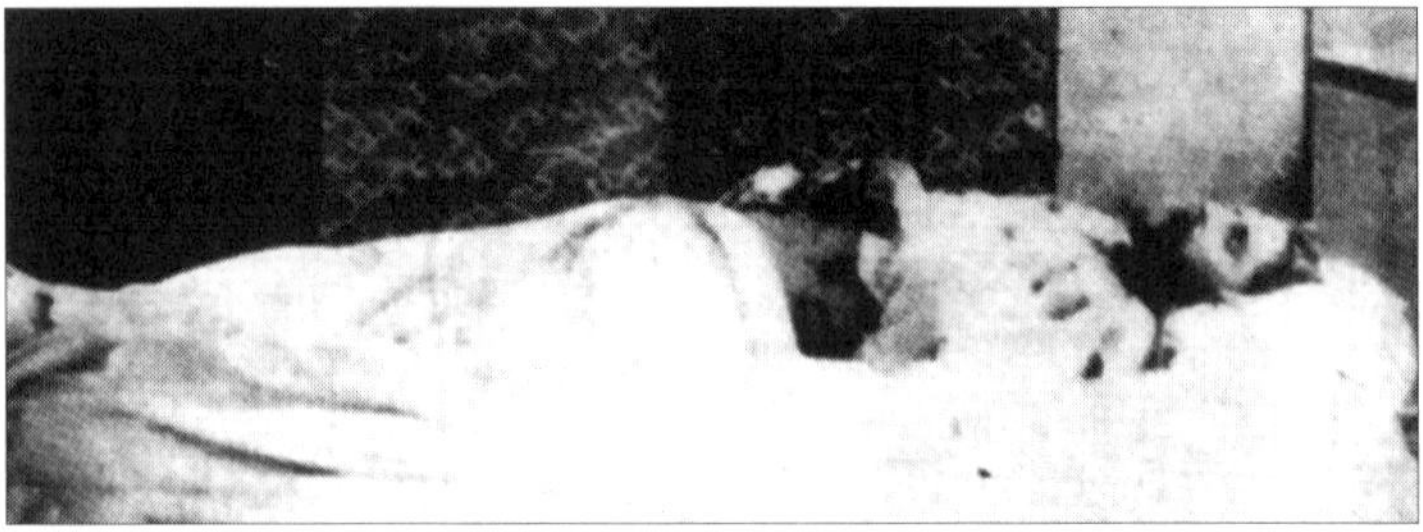

リチャードソン氏の遺体

捕縛してしまおうという意見が出される。

イギリスの代表者はニール代理公使。公使のオールコックは休暇を取っていて、幕府の遣欧使節に同行して帰国中だった。ニールが選択したのは、冷静な外交交渉だった。

日本側でも、一報を受けた神奈川奉行が事件収拾に乗り出した。保土ヶ谷に使いを走らせ、下手人の引き渡しと、事件解決まで同地に滞留することを求める。

しかし、久光一行は「誰が手を下したか不明」とシラを切り※⑤、保土ヶ谷滞留も拒否。そこで奉行所は幕府に「久光一行を箱根で足止めするように」願い出るが、越権行為だとして撥ね付けられ、幕府は逆に小田原藩に対して、久光一行の通行許可を与えてしまう。

久光一行の中でも、重臣を集めた会議が催されていた。先手を打って横浜居留地を襲撃しようという暴論もあったが、結局、「イギリスが何か言ってくるまでシカト」ということで落ち着いた。

※⑤シラを切り
当初は「3、4人の浪士が突然飛び出してきて異人を斬り捨ててどこかに消えた。よって薩摩藩に関わりなし」と、とんでもない言い訳をしていた。

●トラウマを抱えたまま帰国した英国婦人

その後、イギリスは幕府に対して「犯人を逮捕できなかったことへの謝罪」と「賠償金10万ポンドの支払い」を要求。薩摩藩には軍艦を派遣して「犯人をイギリス海軍士官の前で斬首」「賠償金2万5000ポンドの支払い」「謝罪」を要求した。

薩摩藩はこの要求を拒否したので、事件から約1年後の1863（文久3）年に「薩英戦争」※⑥が起きる。結局幕府は、薩摩藩が拒否した分も一緒に賠償金を支払うことになった。

そして生き残ったボラデール夫人。

彼女が斬撃による精神的ショックから解放されることは、ついになかった。大きなトラウマを抱えたまま香港を経てイギリスに帰国するのだが、そこで死を迎えることになってしまったのだ。

※⑥薩英戦争
イギリスが薩摩藩に提示した「生麦事件」の解決策に薩摩藩が応じなかったことから引き起こされた戦争。イギリスが艦隊を鹿児島湾に投入して艦砲射撃、薩摩藩は射程も破壊力も不足する湾岸の大砲で応戦した。武力差をまざまざと見せられた薩摩藩は以後、開国路線にシフトチェンジ。一方のイギリスも、旗艦の艦長が戦死するなど想像以上の被害を被り、攻めきらせなかった薩摩の底力を認めたことで、両者は急速に接近していく。

【散った長州の逸材たち】

池田屋事件は維新を遅らせた？

幕末の逸話 其の12

●「池田屋事件」が起きる前後の時代背景は？

新選組が歴史の表舞台に踊り出るきっかけとなった「池田屋事件」。新選組を語るなら決して外せない出来事である。

本題に入る前に、「池田屋事件」が起きる前後の歴史の流れをおさらいしておく必要があるだろう。ピンポイントで眺めても、事件の当事者間の関係が分からないからだ。２年前にさかのぼって、時代背景を説明しよう。

１８６２（文久２）年、京都から公武合体派の重鎮である薩摩藩の国父、島津久光が去った（江戸に帰る途中で起こしたのが「生麦事件」※①）あと、そこは「尊皇攘夷」の炎が激しく燃え盛る尊皇派のメッカのような状態となった。

その期を逃さず、攘夷派の代表格だった長州藩は、同じく「尊皇攘夷」を掲げる公卿の

※①生麦事件
63ページ参照。

現在の池田屋は居酒屋になっている。

三条実美などと手を組んで朝廷内で政治工作を展開。やがて朝廷サイドは、14代将軍・家茂を上洛させ「いつになったら攘夷を決行するのか?」という長年の課題に、明確な回答を求めることになる。

　1863（文久3）年、断り切れなくなった家茂は上洛を決意。そして「攘夷期限」の回答を迫られ「5月10日」とハッキリ口にしてしまった。列強との衝突を避けたい幕府は、玉虫色の回答を繰り返して時間を稼いでいたのだが、ついに攘夷派の圧力に屈した形になった。

　将軍の言葉を受け、攘夷急先鋒の長州藩は、さっそく実行に移す。まさに当日、下関海峡を通過する外国船を砲撃したのだ。当然、諸外国の反発を食らって、下関戦争※②で長州藩はコテンパンにやられてしまうこ

※②下関戦争
横浜に入港していた軍艦・ワイオミング号は下関海峡に急行、港内に停泊する長州藩の軍艦の庚申丸、壬戌丸、癸亥丸を発見すると猛烈な砲撃を加えた。機動性、耐久性、攻撃力すべてで劣る長州海軍は完膚なきまでに敗北し、近代的装備の必要性を実感したのだった。

とになる。

　こうした事態を見過ごすわけには行かない公武合体派の中心、薩摩藩と会津藩は、急進的な攘夷勢力の勢いを止めなければならないと考えた。

　攘夷陣営のメッカは京都だから、ここを抑えることを当面の目標にした。朝廷内の公武合体派の公卿と協力して、8月18日に朝廷内でクーデターを起こす。これによって長州シンパの三条実美ほか尊攘派の公卿7人を都落ち（七卿落ち）させることに成功。長州藩士たちも追い出して、京都は一転、「公武合体派」の天下となった。これを「8月18日の政変」という。

　弱体化した尊攘派の志士たちは、勢力挽回のための密議を重ねた。この動きを察知した幕府は、新選組をして彼らの捜索に当たらせる。その結果、志士たちが「祇園祭[※③]の前日に御所に火を放ち、一橋慶喜・松平容保を暗殺し孝明天皇を拉致する」というとんでもない計画を立てていることを突き止める。

　そして7月8日、三条小橋の旅館・池田屋に潜伏していた志士たちを発見した新選組が攻撃を仕掛け、壮絶な斬り合いが始まった。新選組にも負傷者が続出するなど激しい闘いの末、長州は吉田稔麿《としまろ》、宮部鼎蔵《ていぞう》をはじめとする人材を多数失い大打撃を受けた。逆に京都への放火計画を未然に阻止した新選組は、その名を天下に轟かすのである。

　この事件の詳細はそこかしこで語られているが、果たして本当のところ、池田屋の中で

※③祇園祭
全国各地に「祇園祭」は散在するが、京都・八坂神社の祭礼がもっとも著名で一般的に「祇園祭」といえばこれを指す。863年、疫病の流行を鎮めるために朝廷が執り行った御霊会が起源で、970年から毎年開催されている。

何が起こっていたのだろうか？

●事件の全貌は分からないことだらけ

実はこの「池田屋事件」、史料があまりにも少ないことから歴史家による研究が行き届いているとは言い難く、怪しい点がてんこ盛りなのだ。いわば「幕末史の空白」を形成しており、事件の知名度だけがひとり歩きしているような状況だ。

だいいち、「主役」であるはずの新選組の出動メンバーすら、特定されていない。隊士たちが書き残したメンバー表に食い違いが見られるくらいなのだ。かろうじて、局長の近藤勇、副長の土方の隊に分かれて行動していたこと、後から加勢に来たメンバーがいたことなど、おぼろげなアウトラインは判明しているのだが、いかんせん誰が参加していたのか分からない。

若くして夭逝したイケメン天才剣士ということで、現代でも大人気の沖田総司※④。後に結核で命を落とす伏線として、池田屋事件での戦闘中に吐血するのは新選組関連の時代劇ではお約束となっている。ところが彼も出動していたかどうか分かっていない。

また実際の戦闘の様子も、時代劇で見られるようなものだったのかは疑わしい。たまたま巡回した池田屋で敵を発見し勇ましく殴りこみ、というストーリーも信用できない。どうやら京都守護職の指示で行なっていたローラー作戦で、事前に居場所は絞り込んでいた

※④沖田総司
（１８４４〜１８６８）
歴女から絶大な人気を誇るイケメン剣士。若かりし日の草刈正雄が演じたドラマから沖田人気が沸騰したとも。近藤勇が主宰する「試衛館」で天然理心流の剣術を学ぶ。若くして塾頭になる才能を発揮し、近藤らとともに浪士組から新選組へ。病気を患い、早くから喀血していたようで、最後には当時は「死の病」と恐れられた肺結核に。１８６８年に死去。

ようだ。

今に残る「池田屋」の見取り図も信用できるものか分からないから、隊士や志士たちがどこでどのように戦ったのか、検証できないのだ。さらに言えば、なんと「池田屋跡地」として標石が立っている場所が本当に「跡地」なのかも議論があるくらいなのだ。

また長州側の木戸孝允が、池田屋の会合に遅刻したとか、お供の機転で行くのを見合わせただとかで難を逃れという話も有名だが、これとて伝説※⑤の類である。

主役の新選組にしても、彼ら単独で実行したわけではなく、実際は会津藩士も出動しており、一説によればこれを口実に長州藩と戦端を開こうという思惑が会津・桑名両藩にあったという。

こうなると新選組は番犬として志士たちの居場所を探り当て、たまたま現場に一番乗りしただけの「脇役」と化してしまう。

●果たして維新を遅らせたのか？

さて、このように謎が多い「池田屋事件」だが、これに関して歴史ファンの間で長らく議論になっていることがある。それは「池田屋事件は、明治維新を早めたのか、遅らせたのか」ということである。

つまり、将来を嘱望された志士たちが、新選組に討たれたことで尊王攘夷派の恨みを買

※⑤伝説
木戸にはこういった派手な逸話が多い。最近まで史実とされていた話に「坂本龍馬と剣術試合をしたことがある」というものがある。武市半平太の手紙が物証だったが、後に偽書だと判明、虚構だったということが証明された。

い、かえって明治維新が早まったとする方と、いや人材が失われたのだから明治維新は遅れたはずだ、という方に分かれているのだ。前者の場合は新選組が倒幕の手助けをしてしまったことになるから、ファンとしては後者だと思いたいだろう。

しかし、筆者に言わせれば、双方とも池田屋事件を過大評価しているきらいがある。何せ新選組側の陣容もはっきりしていない上に、殺害された志士たちの人数や名前も判然としない点が多い。現場にいたのかどうかすら怪しい人物が、長年にわたって「死亡確実」※⑥とされてきたくらいだ。

蛤御門の戦火から逃れようとする人々

それに、長州藩が被った打撃にしても、実はこの後に起こった出来事の方が、よほど堪えるものだったのだ。その過程を追ってみる。

池田屋事件の影響もあって、長州の藩論は燃え上がり、都落ちした七卿と長州藩主親子の無罪を主張して京都に進軍。薩摩・会津・桑名藩と蛤御門付近で激闘を展開して大敗する。この戦いで、吉田松陰門下で一番の俊英と言われた久坂玄瑞※⑦はじめ、藩を背負うはずだった人材が多数、戦死している。一方の幕府は、楯突いた長州

※⑥死亡確実
小説家・子母澤寛作品の影響で、新田革左衛門や安藤早太郎に奥沢栄助という、池田屋に斬り込んだのか不明な人物が戦死者扱いされている。

※⑦久坂玄瑞
（1840〜1864）
長州藩医の息子として生まれた。名は通武。長身で美声の持ち主。高杉晋作とは古くからの友人で、15歳で家族全員と死別、久坂家を継いで頭を丸め「玄瑞」と名乗る。松下村塾門下では随一の俊英。尊王攘夷派の急先鋒として、英国公使館焼き討ちや下関戦争を経験。禁門の変で25歳の若さで自刃した。

藩を征伐しようと考える。諸藩に号令をかけての第一次長州征伐だ。長州藩は下関戦争に敗れたばかりだから太刀打ちできるはずもなく、あっさり幕府に恭順。そして、下関戦争の結果、「攘夷はムリ！」と悟った長州藩は、改革派である「正義派」が藩の実権を奪って開国路線に転換するのだ。

このように、長州藩の藩論を動かしたのは「下関戦争」と「禁門の変」に他ならない。池田屋事件が禁門の変の引き金になったことを考慮したとしても「維新史に多大な影響を与えた」というのは買いかぶりだろう。

にもかかわらず、歴史小説の大家、司馬遼太郎までもが、

この事件がなかったら薩長土肥主力の明治維新は永遠にこなかったであろう。

などと語っている。結局こうした言説は、新選組が大きく取り上げられがちな小説やドラマにおいて、「見せ場」[※⑧]のひとつとして池田屋事件が語られる中で生まれたものではないだろうか。誰が何をしたのか、よく分かっていないことを良いことに、新選組が活躍するストーリーを当てはめ喧伝してきた結果、「もしかしたらこんなことがあったかも」というイメージが肥大化して伝わっているのだ。

こんなことを書くと新選組ファンから猛烈に怒られそうだが……。

※⑧見せ場
現に、新選組を題材とした芸術作品の多くは前半の「見せ場」を池田屋事件に設定している。これは無理からぬことで、新選組は時を経るごとに内部粛清や同士討ちばかりが目立つようになるため、池田屋事件を華々しい成功として描かなければ物語が成立しないのである。

幕末の逸話 其の13

【第一次長州征伐の陰で……】

幕末におはぎが大流行したワケ

●幾重にも張り巡らされた謎かけで大ヒット

どんな時代の庶民でも必ず持っているのが「権力者への不満」である。

お上が誰だろうと、とりあえず文句を言ってみるという姿勢は今も昔も変わらない。

江戸末期の日本は開国によって一気に貿易量が増えたはいいものの、日本の小判が海外に大量に持ち出されたり、これまでの流通の仕組みが崩されたりして、凄まじいインフレーション※①に陥っていた。

「インフレで生活が苦しいのは幕府のせい！」

民衆はこう考えた。だから1860年代前半、悩める民衆の支持は幕府の言いつけを守って孤独に攘夷戦争を続ける長州藩に集まった。1864（元治元）年には下関戦争で外国にコテンパンにされるし、幕府からは「長州征伐」で攻め入られ、まさに泣きっ面に

※①インフレーション　物価が持続的に上昇する現象を表す経済用語。好景気が続くと起きやすいとされる。需給バランスが崩れて総需要が総供給を上回ると発生するというのが一般的なパターンで、物価が上昇するというのは貨幣価値が下落することをも意味する。つまり今まで100円あれば2個買えていた品物（1個50円）が、1個しか買えなくなるというのは物価が上がったという言い方もできればお金の価値が低くなったという言い方もできる。

蜂。こんなご時世にあって、第一次長州征伐で幕府の命をうけた各藩兵士が長州を目指して進軍していた頃、京都では「長州おはぎ」が大ヒット商品となっていた。

別に長州藩特製のおはぎを買って復興を支援しよう！　というわけではない。京都の商人が勝手に作ったシロモノである。

中身はいたってシンプル。何の変哲もない、そこらで売っているただのおはぎが3つ並んでいるだけ。しかし、「おはぎを選んだこと」「並べ方」「値段」に京都人たちの遊び心と知恵が隠されていた。

おはぎが3つ、三角に並べられており、値段は36文。まずおはぎは長州藩の中心・萩にちなんでいる。現在、山口県の県庁所在地は瀬戸内海に面した山口だが、当時は日本海側の萩に藩庁が置かれていた。

1600（慶長5）年、関ヶ原[※②]の合戦で西軍の総大将だった毛利氏は戦後に領地を大幅に削られて防長2か国に封じ込められてしまうのだが、同時に海運の利点がある瀬戸内海側に城や藩の中心地を建てることも禁じられ、ずっと交通に不便な日本海側でしか、城下町を造成できなかったのだ。

そして、おはぎを三角に並べるのは、毛利家家紋の「一文字に三つ星」を象ったもの。さらに36文という値段には長州藩の表高[※③]である36万石にちなんでいた。

どれをとってもまさに「長州」づくしでこれだけでもアイディアものだが、売買時にも

※②関ヶ原の合戦
1600年に起きた〝天下分け目の戦い〟。徳川家康と、彼による事実上の政権簒奪を警戒した豊臣家家臣・石田三成が現在の岐阜県で激突した。参戦した大名家も兵士も多かったが西軍に寝返りが発生したことで、わずか反日で勝敗が決した。

※③表高
大名家の国力（経済力・軍事力）を示す、幕府公認の石高のこと。必ずしも実態を表すとは限らない。「表高」に対して、本当の石高を示すのが「実高」。

いたずら心あふれるルールが設けられていた。

買う人は必ず、

「まけてくれ」

と値切り、売る人は、

「絶対まけない」

と断るという作法になっていた。

この買い手と売り手の台詞に隠された意味は、

「（長州は幕府に）負けてくれ」

「（長州は幕府に）絶対負けない」

というものだ。大っぴらに幕府を批判できないから、こうして溜飲を下げていたのだ。

毛利家の家紋「一文字に三つ星」（左）と徳川家の「葵紋」（右）

●意味が真逆の「青餅」もヒット！

さらに、翌年の1865（慶応元）年に徳川慶喜が第二次長州征伐を企てた時には、またも京都で「青餅」がヒットした。「青」は「葵」に通じ、徳川将軍家の「葵[※④]の御紋」を表した商品セレクトだ。

※④葵の御紋
実は葵の御紋は時を経るごとにデザインが変わっている。家康、秀忠、家光までが33芯、家綱は19芯、綱吉は23芯、吉宗が21芯、家重から慶喜までが13芯だという。

そして、売買時の掛け合いも健在。今度は買う側が口にすることになっている、

「まけてくれ」

というセリフは、ストレートに「(幕府が)負けろ」という意味になり、売る側が発する、

「絶対まけない」

には、「(青餅＝幕府は)最初から負けている。だから(これ以上)負けない」

という意味になる。権力からの抑圧に対し、批判する側も趣向※⑤を凝らして反撃する――

微笑ましくもエスプリの効いた、京都人たちの反逆であった。

※⑤趣向を凝らして
批判が禁止されている事柄を巧みに言い換えて楽しむ、という試みは歌舞伎の演目で多く見られる。武家社会を風刺することを禁じられていたため、『忠臣蔵』を『太平記』の登場人物に言い換えるなどしていた。

幕末の逸話 其の14

【幕末の大同盟の目的は大したことではなかった？】

薩長同盟の目的は倒幕じゃない？

●同盟の第一目標は長州藩の政治的な復権

幕末史の名場面のひとつ「薩長同盟」締結[※①]。1866（慶応2）年正月に結ばれたこの盟約は幕府滅亡の引き金となったとされ、関わった人物たちのキャラクターもあいまって高い知名度を持っている。

犬猿の仲として知られた薩摩藩と長州藩。政治、軍事、思想面で先端を走る「西南雄藩」きっての実力を持つ2藩が、同じ志の下で大同団結を果たし江戸幕府を打倒することを誓い合った画期的な「事件」であった――と、小説やドラマでは言われている。

この同盟締結に奔走したのが、ご存じ土佐藩出身の坂本龍馬と中岡慎太郎だ。龍馬が抜群の交渉力とカリスマ性でもって、対立する薩摩の西郷隆盛と長州の木戸孝允の間を取り持ったという〝史実〟は、歴史ファンならずとも知っている人は多いだろう。

※①締結
正確には、薩摩藩士・小松帯刀邸にて坂本龍馬を介し、薩摩藩側は西郷隆盛、小松、大久保利通、島津伊勢、桂久武、吉井友実、奈良原繁が出席。長州藩側は木戸孝允のみが出席し、1月18日（諸説あり）に6か条の同盟を締結した。

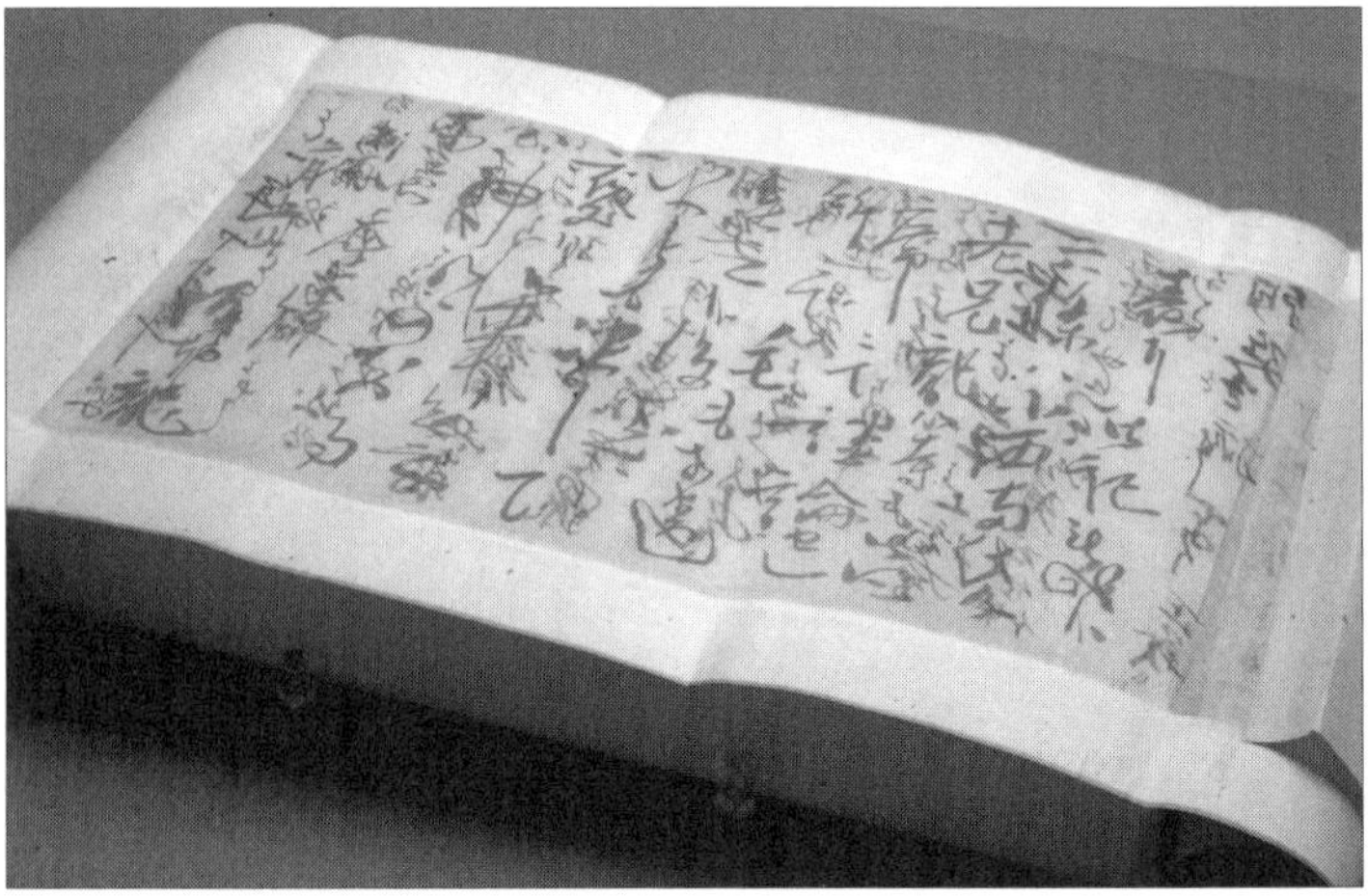

薩長同盟の内容を木戸孝允が書き残した「裏書き」（写真提供：朝日新聞社）

特に長州藩は「禁門の変」で直接、薩摩藩勢から砲撃を加えられて敗北していたから、薩摩藩に対しては恨み骨髄に徹していたのだった。

長州藩を代表していた木戸は本国の反発が予想されることから、軽々しく「ＹＥＳ」とは言えない立場にあった。それを引っくり返して「呉越同舟」※②を成し遂げたのだから、紛れもなく偉業である。

しかしながら、同盟成立後、薩長を中心とした反幕勢力が江戸幕府を滅ぼしたことから、薩長同盟は「倒幕を目的とした軍事同盟」であったと理解されていることが多い。実はこれ、大きな誤解なのだ。

●同盟の目的は長州の中央政界復帰

龍馬たちが薩摩藩に、長州藩との連携を

※②呉越同舟
中国の故事格言。隣接する呉という国と越という国は、揚子江流域の支配権を長年にわたって争っていた。しかし暴風雨などで船が転覆しそうなどの危難には、そうした宿敵同士でも助け合うというような意味。敵同士でも共通の目的達成のためには手を結ぶということ。出典は『孫子』。

持ちかけた理由は「倒幕」とは別のところにあった。それは長州藩の持っている実力や政治的手腕を有効に活用するため、中央政界（つまり京都での政局）での長州藩の足場を、再び構築しようというものだった。そのため、すでに中央政界で確固たる地位を築いている薩摩藩に支援してもらおうと考えたのだ。

　というのも、当時の長州藩は「禁門の変」で「朝敵」に指定されてしまっていた。朝敵である長州藩を、「天皇から政権を委任されている幕府」が成敗するという名目で実行されたのが「長州征伐」だった。

　というわけで、龍馬が考えた最大の目標は、長州藩の「朝敵指定解除」だった。だから「薩長同盟」も、口約束に過ぎなかった当初の取り決めでは、長州藩の中央政界復権（朝敵指定解除）が第一目標で、薩摩はそれを支援するというものだった。さらに、両藩の間に交わされた覚書※③6か条にも、倒幕を示すような記載はない。

　軍事的な確認事項で示されているのは、

　幕府軍が長州藩を攻めたら薩摩藩が援軍を出す
　薩摩藩による朝廷への周旋を一会桑が妨害したら一戦も辞さない

ということでしかない。

※③覚書6か条
正式な記録には残っておらず、内容は木戸の記憶に依ったものである。他に、
1、長州藩が幕府に勝てそうであるならば、薩摩藩は朝廷に働きかけて幕府との講和を成立させること。
2、もし負けそうでも長州藩が持ちこたえている間に、薩摩藩は助ける策を考えること。
3、薩摩藩は長州藩の名誉を回復させること
4、長州藩の名誉が回復された場合は、共に一致団結して天皇中心の新しい世の中を作り上げることに努力すること
――以上が確認された。

●同盟の敵は幕府ではなく「一会桑」

「一会桑」という言葉について説明しよう。これは「一橋・会津・桑名」3者の頭文字を取ったもの。具体的には禁裏守衛総督・徳川慶喜（一橋家当主）、京都守護職・松平容保《かたもり》※④（会津藩主）、京都所司代・松平定敬《さだたか》※⑤（桑名藩主）という京都政界の実力者3人を指している。

つまり、彼ら3人が、長州の復権という目的を妨げるであろう存在として想定されたのだ。特に会津藩は幕末期を通じて長州藩と敵対していたから、なおさらだ。とはいえ「一会桑が妨害したら」という仮定のものだったし、その仮定にしたって将軍や幕府ではなく、政権中枢の3人がターゲットだったのだ。

そして、この目標の実現が困難になった時、強硬な姿勢で幕府に迫って考えを改めさせ長州藩に対する「寛点の勅許（天皇からもらうお許しの書状）」を頂くこと。これの取得を幕府に仲介させようとした。

こうした図式だったから、実際に弓を引かれるまで、幕府側は薩摩藩を仲間だと思っていた。薩摩藩は「公武合体派」の中でも有力な実力者として、行動を共にしてきたからだ。会津藩と連携して長州藩を京都から追放したことだってある。

そこで薩長両藩は幕府に悟られないよう、コッソリと動いた。そのための地ならしをしたのが龍馬であり、彼の主宰する亀山社中だった。薩摩藩名義で外国の軍艦や武器を購入し、それを「海援隊」が橋渡しして長州に届ける。このときに薩摩藩経由で長州藩を購入

※④松平容保
（1835～1893）
保科正之を祖とする会津藩第9代藩主。1862年、京都守護職に就任、慶喜を大いに支えた。戊辰戦争後は鳥取藩預かりとなるが、ほどなく東京で蟄居生活に入る。嫡男の容大が華族に列せられると赦されて日光東照宮の宮司になった。

※⑤松平定敬
（1847～1908）
桑名藩主。1859年に婿養子として伊勢桑名藩を相続。1863年に京都所司代。戊辰戦争では小藩ながら奮戦した。維新後は英語を学んだり西南戦争に従軍したりしながら61歳まで生きた。

したイギリス製軍艦の乙丑丸（ユニオン号）は第二次長州征伐で幕府をさんざんに砲撃している。

長州藩は「禁門の変」に「第一次長州征伐」、そして外からは列強4か国による「下関戦争」まであってズタズタにされ、「正義派」が藩の実権を奪って洋式の兵装に改める軍制改革を推進していたとき。武器類は当時、もっともほしいと願いつつも、入手ルートが閉ざされている貴重な品だった。

最初は「本当に薩摩藩が、購入した武器類をそっくり渡してくれるの？」と疑心暗鬼だったが、本当に「亀山社中」の手でそのまま手渡されると、徐々に薩摩藩への恨みが薄れ、感謝の気持ちも芽生えるようになった。

こうして表向きは薩摩藩の行動だけど、実際は長州藩の動き、ということが繰り返される。その中で信頼関係も築かれていったのだ。

●同盟は結果論として「倒幕」に走っただけ

薩摩藩にあってずっと、「第二次長州征伐には出兵しない」という方針で藩論をまとめてきたのは、西郷の親友で「維新三傑」の残るひとり・大久保利通[※⑥]だった。

そして、あるていどの信頼関係ができあがるころには、薩摩藩屈指の実力者として全国に名が広まり、対幕府強硬派の中でも軍事に頼ろうとする武力強硬派に転身していた西郷

※⑥大久保利通
（1830〜1878）
薩摩藩士。島津斉彬からの信が厚く、藩政改革に力を発揮する。西郷隆盛、岩倉具視らと共に倒幕運動を成功させ、1867年に王政復古を実現する。征韓論争で対立した西郷を排除して不平士族を一掃することによって強い権限を得る。改革の道半ばで不平士族に暗殺された。麻生太郎元首相は玄孫にあたる。

が、話し合いではなく戦いで、という主張を曲げずに居座ってしまっていた。その西郷の討幕挙兵計画が漏れて仕方なく、彼をなだめていた西郷周辺の一派も、方法として武力討幕を選ぶほうに舵を切る。

ここにいたって、仕方なくというような感じで、「薩長同盟」は「武力討幕のための軍事同盟」という性格を帯びるようになる。その後は、ありとあらゆる手を使って、幕府と開戦できるように状況を整え、先に手を出させようと幕府を挑発しまくるのだ。

その最中、天皇[※⑦]の政治的地位を勝手に使っているのが徳川幕府、というような論調が高まりを見せて（もちろん政治的な裏工作の結果）、天皇に何も逆らっていないのに揚げ足を取られて慶喜が「朝敵」に指定されてしまう。もちろん、「勤皇」の意志が高いということで、それより以前に長州藩の「朝敵」指定は解除されている。

こうした動きが慶喜の「大政奉還」、「江戸無血開城」に繋がり、さらに幕府勢力が新政府軍と衝突した「戊辰戦争」へと連なっていくのだ。薩長同盟の履行が戊辰戦争であると勘違いしている人は多いが、これはなんといっても同盟に坂本龍馬が絡んでいるからだろう。何でもかんでも坂本龍馬の功績にしたい者たちによって、願望が投影された結果、現在の一般認識が形作られたのだろう。

※⑦天皇
慶喜にとって痛手だったのは、公武合体を願っていた孝明天皇が急病で崩御し、明治天皇が即位していたことである。壮健だった孝明天皇の突然の病に、巷では「岩倉具視に暗殺されたのではないか」との推測まで飛び出した。真偽のほどはともかく、崩御が倒幕を早めたことは疑いない。

幕末の逸話 其の15

【江戸城無血開城は誇大広告？】

江戸城無血開城の舞台裏

●本当に言われているような美談だったのか？

幕末史に残る偉業のひとつとして、今も喧伝されるのが「江戸城無血開城」だ。小説やドラマなどでも、幕臣随一の切れ者・勝海舟が敵陣に乗り込み薩摩藩の重鎮・西郷隆盛と緊迫した「男と男」[※①]の談判を繰り広げる様子が描かれる。

海舟の熱意と西郷の決断力のおかげで、両軍の間に戦火が交わされることなく、江戸城と江戸の街が一滴の血を流すこともなく救われた、と一般には解釈されている。

だが、ちょっと待って欲しい。ここには重大な誤解がある。

江戸城は決して「無傷」のまま新政府軍に引き渡されたのではない。いや、江戸の街ですら無事だったわけではない。それに海舟と西郷が腹を割った話し合いをしたお陰で丸く収まったかのように語られているが、本当にそんな単純な話だったのだろうか？

※①「男と男」の談判
この話し合いを題材にした芸術作品は枚挙に暇がなく、海音寺潮五郎『江戸開城』、子母澤寛『勝海舟』をはじめ、映画、演劇、歌舞伎にも影響を与えている。大河ドラマにいたっては5作品に絡む重宝のされようだ。

●江戸の街に吹き荒れる「ゲリラの嵐」

新政府軍が、征討総督府を組織し、お飾りの親王総督と「錦の御旗」を前面に押し立て、戊辰戦争の戦火を全国に拡大させたのは1868（慶応4）年。ご丁寧にも「恭順します」と白旗を挙げている将軍の慶喜を「朝敵」に仕立て上げ、朝敵の政府である幕府を討ち果たす、という大義名分まで用意した。

それに先立ち、「老獪な策士」としての才能にあふれる西郷は、戦う前に幕府側の戦意を喪失させてしまおうと、江戸の街を舞台にした治安低下のための謀略作戦を積極的に展開する。これは同時に、「征討」に大義名分を与えるため、幕府側に先に手を出させ「やられたから、やるよ」という形にするための挑発でもあった。

西郷が打った手の主なものは放火に打ち壊し、強盗。江戸の薩摩藩邸に浪士を集結させ、そこを拠点にして撹乱工作を行った。命令通りに江戸の街へ出てひとしきり暴れた浪士たち※②は、同心や与力に追いかけられるといそいそと薩摩藩邸に駆け込む。黒幕が薩摩藩であることをあえて隠さず、幕府側の敵愾心を煽ろうという魂胆である。

ある者は、商人の屋敷を打ち壊して、さんざんに金品を強奪する。山分けにできるから誰もが目の色を変えて、片っ端から盗んでいく。ある者は夜陰に乗じて街に火を放つ。いくら「火事と喧嘩は江戸の華」と言っても、毎日のように、あちらこちらで火の手が上がっては、江戸っ子たちだって辟易する。

※②暴れた浪士たち
これら無頼の徒を束ねたのが薩摩藩士の伊牟田尚平という人物。外国人を殺傷した罪で流罪になっていた男だが、裏の仕事に従事することで罪を赦され、様々な諜報・破壊活動に携わった。こういった人物は用無しになったら始末されるのが常だが、伊牟田もご多分に漏れず、色々な罪を着せられて切腹に追い込まれた。

幕府軍と新政府軍の「山崎の合戦」において錦の御旗を掲げる新政府軍

恭順の意を将軍自ら表明している幕府サイドだったが、薩摩藩の不埒な行ないには怒りを抑えきれない者も多く「成敗すべきだ」とする強硬論もあったのだが、こちらから手を出せば即座に「天皇に歯向かう逆賊だ！」ということになる。

そうした薩摩藩によるゲリラ活動の一環として「江戸城の焼き討ち」があった。江戸城に忍び込んで放火してしまおうという作戦である。

第一章の西郷隆盛の項で登場した、赤報隊を率いた相楽総三も、実行部隊のひとりだ。彼はなんと、3度にわたって江戸城内に潜入、放火を行なっているのだ。

放火作戦の中でも最大の「戦果」を挙げたのが「江戸城二の丸全焼」だった。13代将軍・家定の正室は、大河ドラマ『篤姫《あつひめ》』

※③第一章38ページ参照。

でお馴染みの天璋院篤姫。※④彼女は周知の通り、薩摩藩を治める島津家の一族で、輿入れのときには女中を大勢、国元から付き従えてきた。

ゲリラ部隊にいた薩摩出身の浪士が、そうした奥女中のひとりと昔なじみで、その縁を頼って場内潜入を試みたのだ。奥女中の手引きでまんまと江戸城二の丸に潜入した浪士。内通者がいるのだから、放火に必要な道具も労せず持ち込めただろう。

放火された炎はどんどん大きく燃え盛り、二の丸を全焼させてしまったのだ。おかげで維新前から今に至るまで、江戸城二の丸は消失したままだ。

この仕打ちに、ついに幕府内の強硬派が暴走、薩摩藩邸を焼き討ちにしてしまう。征討総督府は「待ってました」とばかりに江戸城総攻撃を決める。これが「西郷・勝会談」に至る顛末だ。言うまでもないが、無血、無傷には程遠い。そして、その総攻撃の前日に問題の会談が開かれることになる。

●「勝・西郷会見」は単なるパフォーマンス？

さて、この会談、彼らふたりの心ひとつで江戸が戦火から守られた（守られていないわけだが）と思われているが、事はそう単純ではない。順を追って説明しよう。

まず征討総督府の参謀だった西郷は、江戸総攻撃の意志を完全に固めていたわけではなかった。幕府軍を郊外に誘い出し、有利な態勢で戦えば勝てると踏んでいたものの正面衝

※④天璋院篤姫
（1836〜1883）
第13代将軍・家定の正妻。島津忠剛の娘。島津斉彬の養女となった後、近衛忠熙の養女として徳川家に嫁ぐ。夫の死後も自ら望んで江戸に残り、幕末期には徳川家存続のために働いた。特に徳川宗家16代を継いだ家達の教育には熱心に取り組み、海外留学もさせている。49歳で死去した時、倹約生活を続けたことから所持金は3円（現在の5〜6万円ぐらい）しかなかったとも。

江戸城無血開城を描いた絵画

突をしたらどうなるか、については、不安があったのだ。

また、新政府軍、厳密には薩摩藩の後ろ盾として睨みを利かせていたイギリスの存在も大きい。西郷、勝両名の知己だった公使パークスは、江戸総攻撃に断固反対[※⑤]していたのだ。

その理由は、

「将軍は恭順している。戦争になれば江戸や、江戸に近い横浜も戦火に晒される。平和的な手段で江戸を占領して、新政府を樹立するのが得策だろう」

というもの。実は西郷、江戸総攻撃を前にして、パークスにお伺いを立てていた。戦争になれば外国人居留地がある横浜にも飛び火するかもしれない……、そう危惧したからだった。そこで側近をパークスに差

※⑤断固反対
パークスはフランス皇帝・ナポレオンを例に引いて、「彼ですらセントヘレナ島への流刑で済んだ。無抵抗の慶喜を攻撃するのは万国公法に反する」としている。

し向けたのだが、そのときに受け取った回答がこれ。つまり、この時点でイギリスを怒らせたくない西郷の腹の中は「戦争回避」[※⑥]に傾いていた。

一方の勝も、第一章[※⑦]で述べた通り、単独で新政府と交渉していたわけではない。「幕末三舟」のひとりとして名高い幕臣仲間の山岡鉄舟が、会談に先立って西郷と予備交渉をしているのだ。その場で「江戸無血開城」のシナリオはほとんど練り終えていたはず。

また勝だってパークスの思惑を知らなかったはずもない。このように西郷も勝も、さまざまな情勢から判断してすでに「江戸城総攻撃回避」を想定して会談に臨んでいたのだ。

巷で言われているような膝詰め談判はなかっただろうし、もしあったとしても、お互いの陣営の強硬派を抑えるための「パフォーマンス」だと判断するのが自然だろう。

※⑥戦争回避
江戸の街が無傷ではなかったことは確かだが、人口100万人を超える大都市が戦争に巻き込まれることなく新政権の支配下に入ったことは事実であり、意義は大きい。

※⑦第一章
21ページ参照。

【新政府軍の知られざる〝反逆行為〟】

上野戦争で皇室に弓引いた？

幕末の逸話 其の16

●戦争の集合体「戊辰戦争」

戊辰戦争とは、十干十二支を組み合わせた「干支」でいう「戊辰」の年に起きた戦争ということ。1868年、慶応4年から9月に明治と改元された年が「戊辰」に当たる。

年明け早々に京都で起きた鳥羽伏見の戦い、彰義隊が圧倒的火力で短時間に壊滅した上野戦争、奥羽越列藩同盟や幕府の脱走兵が主力となった会津などを舞台にした東北戦争や北陸戦争、それに秋になって始まった榎本武揚ら「蝦夷共和国」勢による箱館戦争。

こうした一連の、幕府軍と新政府軍による内戦を総称したものが「戊辰戦争」だ。

この戦争にあって、新政府軍は天皇公認の軍である「錦の御旗」※①を前面に押し立てて、相手のモチベーションを奪い、味方の士気を鼓舞した。もっとも、この「錦旗」、間に合わせで作ったインチキがほとんどで、中にはふんどしに色をつけただけというトンデモ・

※①錦の御旗
別名菊章旗、日月旗。赤地の錦に、金色の日像・銀色の月像が描かれている。天皇から官軍の大将に与える慣習があり、1868年正月、鳥羽・伏見の戦いにおいて、薩摩藩の本営に錦旗が掲げられる。この威力は絶大で、御旗を見ただけで逃げ出す旧幕府軍が目撃されている。

フラッグもあったようだ。

「錦旗」は「天皇の軍隊」であることを意味する重要な旗。つまり、これを掲げているということは「天皇に忠誠を誓っている」「天皇を尊敬している」ということに他ならない。だから当然、新政府軍は「尊皇」であるはずだ。

しかし実は新政府軍、上野戦争でとんでもない「不敬罪」を犯してしまっているのだ。

上野の東叡山寛永寺（東叡山とは近江の比叡山に対する名前で、京都に対する東京と同じ発想。そして3代将軍・家光治世の寛永期に造営されたから寛永寺）に集結した旧幕臣による「彰義隊」[※②]。

彼らは前将軍・慶喜の恭順路線に従わない、徹底抗戦を主張するタカ派集団であり、幕府や将軍の意向を再び取り戻そうと意気盛ん。統制も取れていて容易に降参する気配はない。東叡山寛永寺は将軍家の菩提寺で、寺域も広大。何せ、ひと山そのまま寺の敷地だったのだ。適当な起伏があるし、山頂に行けば周辺も見渡せる。敷地内には寺院や塔頭といった施設も多いし、本寺がそのまま天守のように大本営として使える。つまり天然の要害で、守りを固められると、いわば小型の城のように要塞化した。

だから新政府軍が攻撃をしてみても反撃の手は厳しいし、被害ばかりが増える一方。局地的な小競り合いであっても勝利を収めたら最後、幕府軍はさらにモチベーションを高めて新政府軍への抵抗力を増していく。

※②彰義隊
鳥羽伏見の戦いから江戸に舞い戻った将軍・慶喜を護衛する目的で結成された部隊。中心人物は渋沢成一郎（渋沢栄一のいとこ）や天野八郎。幕府から厄介払いのように江戸の治安を守る仕事を任された。徳川家の菩提寺を守るという口実のもと、上野寛永寺に居座り、最盛期には3000～4000人が立てこもった。砲撃による壊滅後も残党の一部は箱館戦争まで従軍した。

●同胞相手の非常な攻撃で天皇ゆかりの一品を……

1日かけずにあっという間に戦闘は終わるだろう。あわよくば新兵器をズラリ揃えた大兵力に恐れをなして勝手に降伏するかもしれない。そんな楽観的な予想を基に、北関東から東北方面に進軍する予定だった新政府軍首脳は青ざめた。

そこで登場するのが軍略の天才・大村益次郎だった。

炎上する寛永寺を描いた絵画

彼は合理的かつ大胆な戦法を実行に移す。それは、通常は対艦砲として利用されるはずのアームストロング砲※③を、東叡山の山頂を狙える場所にズラリと設置。砲身の角度（仰角）をほぼゼロにする水平射撃でバンバン撃ち込み、圧倒的火力で相手を根こそぎ跡形残らず吹っ飛ばす、というものだった。

命令された部下も、はじめは尻込み。どんな悲惨な事態を招くか、薄々は想像できる。同僚も、

「そりゃ、やり過ぎだ！」

と反対するが、大村は意に介さず。こうでもしなきゃ、攻略にはいたずらに時間がかかるだけだとわかっていた。一刻も早く鎮圧することしか頭にないのだ。

※③アームストロング砲
イギリスの発明家、ウィリアム・アームストロングが1855年に開発した大砲。従来の砲と比べ装填時間が短縮され、軽量であったことから重宝された。

上野戦争跡地。ペンペン草も生えないとはこのことだ。

さて、こうして寛永寺の寺域を大々的に砲撃しまくった官軍。あらかた敵の戦力を削いだら、あとは白兵戦で残存兵力を叩きまくる。もちろん勝利者の権利として宝物の略奪もする。その最中、大失態を演じてしまうのだ。あろうことか寛永寺に掲げられていた勅額をも、灰にしてしまっていたのだ。

「勅額」※④とは、天皇直筆の文字が書かれた額。何とも神々しい寺の宝だ。現存している勅額はすべて重要文化財に指定されているほど。

後に、かつて13代将軍・家定の御台所（正妻）として大奥を取り仕切っていた天璋院篤姫が、

「官軍こそ朝敵ではないか」

と罵った所以は、ここにある。

「天皇がわざわざ直筆で下された額を、新政府軍だって手にかけたではないか！　これが天皇への敵対行為と言わずして何だと言うのか！」というのが彼女の言い分。

たしかに一理ある。

※④勅額
燃えたのは第113代天皇、東山天皇が寛永寺瑠璃殿に授けた勅額である。現在も真っ黒になった額を確認することができる。

第三章
こんなに凄かった！江戸幕府

幕末の逸話 其の17

【駐留外国人が驚いた日本の技術】

幕末日本の実力は?

●幕末の日本は「遅れていた?」

江戸時代末期の日本には「国際社会から大きく後れをとった、閉鎖的で進歩がない時代」、そんなイメージが長らくつきまとってきた。これは明治政府が、打倒した江戸幕府が支配していた時代を「遅れていた」と印象付けたかったことが強く影響している。しかし太平洋戦争が終結するのと同時にその常識化したイメージも終焉を迎え、江戸時代の研究や評価は、違うものになっていった。ここでは幕末日本の本当の実力に迫ってみよう。

●GDPでは敵わなくても、インフラ技術に世界が驚愕!

まずは単純な国力だ。イギリスの経済学者、アンガス・マディソン[※①]が2006(平成18)年に試算したところによると、1850(嘉永3)年の日本の実質GDP(国内総生

※①アンガス・マディソン(1926~2010)イギリスの経済学者。ケンブリッジ大卒業。フローニンゲン大学名誉教授。専攻は経済史、経済発展論。1953~1978まで経済協力開発機構(OECD)エコノミスト。2007年には一橋大から名誉博士号を授与された。

産）は217億ドル、欧米列強の一角スペインの161億ドルを上回っている。もっとも、フランス（580億ドル）、イギリス（633億ドル）には大きく水をあけられており、産業革命による工業化社会の威力を見せつけられた形だ。

しかしそのフランス人、イギリス人たちが日本を訪れて驚愕した技術がある。それは江戸の街中に行き届いた上下水道※②だ。江戸時代初期から末期までに、いくつもの水源から水道管が敷かれ、長屋の敷地などを区切る境界部分には下水溝まで設けられていた。

各家庭で用済みになった生活排水は近くの川に流されていくのだが、糞尿は近隣の農民が貴重な肥料として買い取っていたため流されず、伝染病が蔓延することはなかった。

江戸っ子は水道水を飲料などに、川で汲んだ水を生活用水として使っていたが、大坂は逆であった。飲料としていた川には生活排水が流れていたのだが、それでも大きな疫病は発生しなかった。

今でも使われているという安土桃山時代の下水道「太閤下水」（写真提供：毎日新聞社）

大都市のように上下水道が完備されていない農村でも糞尿は下肥として再利用されていたし、風呂の残り湯や洗濯排水も肥料の足しとして畑に撒いて活用していたのだ。

あの黒船を率いてやってきたアメリカのペ

※②上下水道
日本に「下水道」という概念が誕生したのは非常に早く、大陸から稲作技術が渡来した時であると言われる。平安時代の高野山には早くも水洗便所があり、井戸水や沢水を用いて排出される糞尿は川に放流されていた。

リー提督は、日本の下水道技術に関してこんな日記を残している。

下田（静岡県）は進歩した開化の様相を呈していて、同町の建設者が同地の清潔と健康とに留意した点は、吾々が誇りとする合衆國の進歩した清潔と健康さより遙に進んでいる。濠があるばかりでなく下水もあつて、汚水や汚物は直接に海に流すか、又は町の間を通つてゐる小川に流し込む。

ペリーが「合衆国よりも遥かに進んでいる」と驚嘆したのも無理はない。当時、花の都パリでさえ、糞尿はバケツなどで窓から道路にぶち撒けるという、今からすると信じ難い習慣があったのだから。こんな有様なので、中世にはコレラ※③やペスト※④といった伝染病が、何度も流行した（そしていったん流行すると、収まるまでに時間がかかった）。

ちなみに同時代、大規模な水道網を備えていた都市は江戸とロンドンだけ。それでも両都市の上下水道網の実力は、大人と子ども、横綱と幕下ぐらいかけ離れている。

19世紀ロンドンの上水道は、週3日でしかも1日7〜8時間しか使えない代物。江戸の上水は、それよりはるかに以前から24時間給水可能だった。さらに総給水量や給水人口、給水面積など、どんな数字で比べても、規模や完成度ではるかにロンドンを上回っていたのだから驚きだ。

※③コレラ
コレラ菌によって発症する感染症。非常に強い感染力を持ち、7回の世界的大流行をもたらしている。主な感染源は患者の排泄物。

※④ペスト
ペスト菌によって発症する感染症。もともとはげっ歯類に流行した病気。致死率が高かったこと、罹患すると皮膚が黒くなることから「黒死病」と恐れられた。

●リサイクル面でも世界トップ

さらに、当時の日本は糞尿回収に限らず、いろいろなリサイクル業が営まれていた。

少し例を挙げれば、贈答品を使い回すために利用する「献残屋」、ロウソク※⑤が溶けて流れたものを買い取る「ロウソクの流れ買い」がある。

独身男性向けの商売としては「貸ふんどし屋」が有名だ。最初に1本だけ新品を購入、汚れものを店に持参すれば洗濯済みのものと安価で交換してもらえる。つまり、下着のクリーニングとリサイクルがセットになっていたのだ。このように、江戸時代にはバラエティに富んだ仕事があったのだ。

また、都市ゴミ問題についても、お触れによってゴミ収集のルールが厳格に決められていたため、街は清潔そのもの。そしてリサイクルがここでも大いに機能し、生ゴミは糞尿と同じく肥料として再利用され、紙であればリサイクル目的の古紙回収のみならず、道端に落ちる紙屑を拾うのを生業にする者もいた。

こうして完成された高度にエコロジーで清潔な循環型社会。ヨーロッパにもない光景に、外国人たちは目を見張ったのだ。

江戸のリサイクル業者「屑拾い」

※⑤ロウソク
江戸時代には松ヤニとロウソクを混ぜたものが使われていた。高級品であり、1703年に赤穂浪士が吉良義央邸に討ち入った際には、邸内を照らすためにわざわざ吉良家のロウソクを探し出して使用している。

●マネするだけで技術を吸収！　おそるべき職人たち

そして、何よりも外国人たちを驚かせたのは、日本の職人たちの精巧な技術だった。スイスの特命全権大使として江戸に赴任したエメ・アンベール※⑥は、攘夷派に付け狙われているにもかかわらず、江戸の工芸品を眺めるのに夢中になった。

私は漆職人や陶器職人の他、象牙職人や織工、人形職人や木工職人など、さまざまな職人を訪ねましたが、彼らが持っている技巧は、ヨーロッパ人でさえ驚かすほど、どれも極限に達したものばかりでした。特に時計職人が、彼らが生みだす時計の複雑さに比べて、使う道具の少ないことは、私の興味を引きました。

実はアンベールは、時計製作の技術にかけては世界最高と言えるスイスの時計生産者組合の会長も兼ねていた。その彼を驚嘆させるほどの技術力を、日本の職人たちは有していたのである。

技巧の確かさもさることながら、日本の職人たちのもうひとつの武器は「優れた技術を模倣し、吸収する力」である。鉄砲鍛冶の国友一貫斎《いっかんさい》※⑦という男がいる。彼は彦根藩の御用掛として腕を振るっていたのだが、１８１９年、幕府にオランダから伝わった空気銃（空気の圧力で弾を発射する銃）の玩具の修理を任される。

※⑥エメ・アンベール（１８１９～１９００）スイス人。スイス臨時政府の書記官を経て、州内閣の文部長官になる。１８６２年には特命全権公使兼遣日使節団長に任命され、日本へ。この時にヌーシャテルの時計生産者組合会長の座にあった。２年後に長応寺で修好通商条約を締結。帰国後に『日本』を発表。

※⑦国友一貫斎（１７７８～１８４０）鉄砲鍛冶師、発明家。彦根藩の御用掛として「気砲」を開発したほか、グレゴリー式反射望遠鏡を製作して月のスケッチを残したり、万年筆や魔鏡を自作するなどアイディアマンであった。

一貫斎は空気銃を分解、部品を詳細にスケッチすることでその構造を解明した。そしてこれが空気の圧力を利用した銃であることを発見すると、修理にとどまらず一から全く同じものを作り上げ、「気砲」と名付ける。

気砲はポンプで銃床に空気を込めるのだが、彼は込める回数によって銃床の重さが違うことに気づいた。つまり、空気に重さ[※⑧]があることを発見したのである。かのガリレオ・ガリレイがやっとのことでたどり着いた自然の原理に、銃一丁から追いついたのである。

また一貫斎は銃の威力が空気圧の高さに比例することに着目、強力なバネで注入時の空気漏れを防ぎ、連結部には精巧なねじを用いて強い圧力に耐えられるように再設計した。その後も改良を加え、ついには20発も連射できる早打気砲まで開発している。あまりに強力なので「暗殺に使える」と危惧した幕府によってお蔵入りになってしまったという。

先述のスイス大使、アンベールは、こうした日本の職人の技術力の高さ、器用さを評して、こんな予言めいた言葉を日記に書き残している。

> 生来、器用な日本人たちが、来日するヨーロッパ人たちから、単なる職人か、せいぜい職工長くらいの地位しか与えられないで、ずっと満足しているでしょうか？（中略）蒸気の力や機械の力を使って起こす産業を、いつまでもヨーロッパ人に独占させておくでしょうか？

※⑧空気に重さ
「天文学の父」と呼ばれるガリレオ・ガリレイは、フラスコと同重量の砂を天秤にかけ、フラスコにふいごで空気を押し込んだ。すると、フラスコを置いた天秤が沈んだので、「空気に重さがある」ことが判明した。

【近代化していたのは薩長だけじゃない！】

各藩が挑んだ改革の数々

幕末の逸話 其の18

●薩長土肥だけじゃなかった

一般的に幕末という時代は、幕府の政策が封建的で的外れだったから、近代的な改革を成し遂げた薩摩藩・長州藩によって打倒され新しい時代が開かれた、と思われている。

しかし、幕府が大政奉還による政権崩壊直前まで近代的な改革を進めていたことをご存知だろうか。幕府だけではない。全国の諸藩も財政難に苦しみながら懸命に近代化しようとしていた。その改革の歴史を見てみよう。

●生き残りをかけた幕府の大改革

幕府が取り組んだ最後の改革は「慶応の改革」と呼ばれている。将軍職に就いた徳川慶喜は、薩長とイギリスの連携に危機感を募らせるフランス公使、[※①]レオン・ロッシュと共に

※①レオン・ロッシュ
（1809〜1900）
グルノーブル大学中退。フランス軍の通訳となった後、チュニジア領事、イタリアのトリステの総領事を務める。1864年にベルクールと交代で駐日公使に。徳川慶喜と近しい関係を築くが、幕府の崩壊と共に政治力を失う。1868年に公使を解任され、政界を引退した。

1865（慶應元）年、大坂城内で行われた幕府のフランス式陸軍の訓練風景

幕政の大胆な刷新を試みる。

まずは、明確な役割分担がないまま、内政を取り仕切っていた老中たちの所属をはっきりさせた。陸軍総裁、海軍総裁をはじめ、会計、国内事務、外国事務の5局に老中を振り分けたのだ。そして、彼らの中でただ一人、無任所の板倉勝静※②を老中首座として戴き事実上の内閣制度を敷いたのである。

各総裁を国務大臣とすれば、その下で働くのが省庁のトップ、事務次官（奉行）である。奉行を任命するにあたっては慣行にとらわれず、能力のある人材は積極的に抜擢した。その方針の下、軍艦奉行に就いたのが勝海舟だった。

そして仮想敵に薩長、諸外国を見据えた陸海軍の創設。陸軍兵備は長州藩に後れをとっていたため、刀の二本差しに誇りを持つ旗本たちの考えを改めさせ、全員が銃を中心とした軍隊に切り替えた。

そのため最新式の大砲・アームストロング砲を一気に数10門もイギリスに発注している。さらにフランスに600万両もの借金を申し入れて軍艦7隻を発注、同時に軍事顧問団を

※②板倉勝静
（1823〜1889）
備中松山藩藩主。「寛政の改革」を行った松平定信を祖父に持つ。徳川慶喜から深く信頼され、幕政改革を任される。大政奉還の実現にも尽力し、戊辰戦争の際は奥羽越列藩同盟の参謀となって新政府軍に抵抗した。戦後は上野東照宮の祠官となった。

招き、近代的で強力な軍隊を作ろうとした。

海軍力の増強を目指して、すでに文久年間にオランダへ建艦を依頼していた最新式の軍艦・開陽丸は、慶応3年に海外での伝習を終えた榎本武揚らを乗せて無事に横浜入港を果たしている。この開陽丸の存在は、のちに新政府軍を大いに悩ませた。

経済面では、構想だけで終わったものの、租税の金納化が検討されていた。歳入を安定させることで幕府の権力を立て直し、再び諸藩の上に立って日本の行く末をリードしようとしていたのだ。

また、新政府に受け継がれて日露戦争で花開くことになる横須賀造船所構想も、この時期に勘定奉行の小栗忠順《ただまさ》が推進していた事業だ。これに限らず鉱山開発などの殖産興業は、明治新政府が幕府の構想をそのまま譲り受けて実現させたものが多い。

●四賢侯だけじゃない！　背を腹に変える諸藩の改革いろいろ

幕末維新期に知られる名君と言えば、四賢侯※③が有名だが、彼らの他にも近代を見据え、藩政改革に取り組んだ君主はたくさんいた。

そこで教科書には載っていない幕末期の藩政改革を一部、紹介しよう。

まず戦国時代には那須家の重臣として権勢を誇った大関氏が、一度も転封されることなく維新を迎えた黒羽藩（栃木県）。藩政改革の失敗から長く騒動に揺れた結果、藩主・増

※③四賢侯
幕末に活躍した優れた大名4人を指す。メンバーは福井藩主・松平慶永、宇和島藩主・伊達宗城、土佐藩主・山内容堂、薩摩藩主・島津斉彬。「四天王」「三人衆」と同じく響きにロマンが感じられる。

徳が重臣に幽閉されて退位させられる。

1861（文久元）年、この藩に養子として入った25歳の若き当主・増裕は、すぐさま幕府に抜擢されて陸軍奉行になるほど聡明で、彼は時代の変化に対応した軍制改革と、それを支える財政改革に着手する。

鉱山開発や硝石・硫黄（ともに火薬の材料）の採掘などに力を注ぐだけではなく、樺太開拓まで視野に入れていたらしい。教育にも力を入れ、彼が創設した藩校「作新館」の名前は、あの江川卓※④の母校、作新学院に受け継がれることになった。

後に増裕は狩猟中に謎の死を遂げたが、黒羽藩は大々的な軍制改革が奏功し、新政府側に付いた戊辰戦争では弱小藩でありながら目覚しい戦果をあげることができた。

異色の大名としては、信濃・須坂藩（長野県）の藩主、堀直虎がいる。彼は大変な新しもの好きで写真撮影を趣味とし、ポートレイト撮影に勤しみ「唐人堀」の異名をとった。藩主就任は1861（文久元）年だったが、洋式の軍備を採用した先進的な軍制を早々に確立した。

また、藩重臣の汚職を追及して政治のクリーン化を実現、生糸の生産に光明を見出して財政の建て直しを図った。外国奉行に抜擢されるほど聡明だったが、戊辰戦争に際し、新政府の江戸総攻撃に際して徹底抗戦を主張。恭順路線を主張する徳川慶喜を諌めようと江戸城内で切腹※⑤してしまった。

※④江川卓
（1955〜）
野球解説者。作新学院高校のエースとしてノーヒット・ノーランを9回、完全試合を2回達成するなど大活躍し「怪物江川」と恐れられた。

※⑤切腹
ちなみに直虎は幕末期に切腹した唯一にして最後の大名である。

●幕末きっての名君、鍋島直正

そして幕末でも指折りの賢君と言えるのが、1830（天保元）年に17歳で佐賀藩を継いだ鍋島直正。号を閑叟。一般的な知名度は不思議なほど低いが、同時代にあって思想の先進性では1、2を争う知性派で、しかも人情派という理想の藩主だ。

彼は藩主に就任し、佐賀に入るとすぐに「粗衣粗食令」を発布。自らもおかずを減らし、庶民と同じく木綿の服しか着ず、父親に会うとき以外は足袋を穿かないなど倹約に努めた。ほかにも参勤交代費用や江戸藩邸の経費などを削っていった。しかし、この時の藩の実権は引退した直正の父が握っており、自在に改革を断行できずにいた。

その5年後、城の二の丸が火事で焼け落ちると、これを奇貨として「再建費用を捻出するために藩政改革が必要だ」と父を説得、実権を奪うことに成功した。

そして全体の3割近い役人を解任、下級藩士からの抜擢を積極的にはじめ、役人への報酬制度も、現在の給料制のような仕組みに変えてしまう実力主義を採用した。カルロス・ゴーン※⑥も真っ青の合理化である。

複雑な行政機構を簡素化して一本化するなどリストラを進め、一方で重大な議案については合議制で何度も検討を加えられる制度に改めるなど、近代を先取りした政策を多く実現している。

それ以外にも、日本で初めて種痘の普及に力を注いだり、農民保護政策を次々と打ち出

※⑥カルロス・ゴーン（1954〜）ブラジル人実業家。ルノーと日産自動車のCEOを兼ねる。日産が経営危機にあった1999年に、COOとして来日。徹底的なコストカットによって同社のシェアを回復させた。

すなどしていたから、庶民からの声望も高かった。

藩主就任当時、1万～2万貫、あるいはそれ以上もあった借金は、5年後には数千貫レベルに、その10年後にはほぼゼロにまで減った。借金がなくなると、今度は殖産興業に金を費やす。まずは名産品作り。和ロウソクの原料となるハゼの木の栽培に精を出した結果、ロウソクは佐賀の専売品となり、オランダに輸出されて富を稼ぎだした。こうして金銭的に余裕ができると、近代技術や西洋知識の導入を加速させる。

こうした試みは「日本初」を連発した。1850（嘉永3）年には反射炉※⑦建造に成功、翌年には水戸藩が成し得なかった大砲鋳造に成功している。そればかりではなく1855（安政2）年には蒸気車と蒸気船の雛形を、10年後には国産蒸気船「凌風丸」を完成させた。

こうした地力を地道に育てていたから、佐賀藩は「薩長土肥」の一角を占める実力を持ち、明治新政府に大量の人材を供給することができたのだ。

佐賀藩が幕末に作った精煉方。科学技術の実験が行われた。

※⑦反射炉
金属融解炉の一種。燃焼室で発生した熱を天井や壁で反射させ、側方の炉床に熱を集中、金属の精錬を行う。これによって従来の鋳造技術では作れなかった、耐久力のある鉄製大砲を製造することが可能となった。

幕末の逸話 其の19

【新政府役人の3人にひとりは旧幕臣だった！】

実は充実していた幕府の人材

●「劣っていた幕府」「進んでいた新政府」？

江戸幕府政権の最期について、新政府側と比べて技術や頭脳、そして人材と、何もかもが劣っていたから打倒されたのだ、というイメージを持っている人が多い。

しかし、これはまったくの的外れと言っていい。

倒幕を成し遂げて明治新政府を立ち上げたのは、薩長をはじめとする雄藩の志士たちや公家の一部だ。いわば今まで政治の表舞台に立っていなかった人たち。だから、新政府が様々な新しい政策を打ち出していくには、早急に自分たちの立場を正当化[※①]、強化する必要に迫られた。そこで、

「江戸時代はこんなにダメでした！　だから私たちはより良い国づくりのために、改革をするんです。急で申し訳ないけど、わかってくださいね！」

※①立場を正当化　こうした動きは皇室にも及び、長らく続いた「北朝正統論」から志士たちが信奉した「南朝正統論」へと舵が切られることになる。皇居に南朝の忠臣・楠木正成の銅像が建っているのはこの影響である。

という具合に、江戸幕府に対するネガティブキャンペーンを展開したのだ。この姿は、２００９年の衆議院選挙前、自由民主党からの政権交代が確実視された民主党が、自民党政権下の腐敗、失策を声高に並べたてたのと似ている。

その結果「江戸幕府って時代に遅れていてダメだよね」というイメージが定着してしまったのだ。しかし、軍事力はともかく、人材の数や質で幕府が新政府に劣っていたとは到底考えられない。それはなぜなのか？

●新政府役人の３人に１人は幕臣

幕府海軍を率いて抵抗した榎本武揚

というのも、新政府側が自分たちの能力不足を自覚していたと判断できる、確固たる歴史的事実があるからだ。政府が発足して間もない時期の人事に、それが如実に表れている。

すなわち、旧幕臣の大量採用だ。

幕府の海軍副総裁で、戊辰戦争では新政府軍に最後まで抵抗した榎本武揚※②や、歩兵奉行として各地を転戦、函館まで新政府軍を苦しめた大鳥圭介※③が代表格だろう。

榎本は賊軍の将でありながら才能を買われて

※②榎本武揚
（１８３６～１９０８）
幕臣。幕府の長崎伝習所に入所、頭角を現す。オランダ留学を経て１８６８年に海軍副総裁。徹底抗戦を主張し北海道に箱館政府を設立、箱館戦争を戦う。戦後は黒田清隆などの助命嘆願もあって新政府に出仕し、対露外交などで活躍した。

※③大鳥圭介
（１８８３～１９１１）
幕臣。漢学・儒学・蘭学に精通し、英語はジョン万次郎に学ぶ。幕臣としては陸軍畑を歩み、強硬派として鳥羽伏見から箱館までを戦い抜く。戦後は外交官。

新政府に出仕し、5回も大臣職を務めている。大鳥は外交官となって、日清戦争直前の難しい局面でアジア外交にあたっている。

このように新政府にとって旧幕臣は欠かせない存在であり、1877年には5215人の政府官員のうち1755人が旧幕臣であったという記録が残っている。実に3人に1人は幕臣だったという計算になる。それも高級官僚は薩長土肥の人間が占めていたため、旧幕臣たちは実際の実務をこなす中級官僚に就くことが多かった。つまり明治時代の日本は江戸幕府の人材が支えていたということだ。

●静岡学問所と沼津兵学校

では、なぜ幕府は日本の屋台骨を支えるような人材を、多く輩出することができたのか。我々はどうしても幕府というと、あらゆる役職が世襲で、全てにおいて家柄がモノを言う世界といったイメージを捨て切れない。

しかし幕府も末期になると、未知の内憂外患の諸問題に対処するため、今までと違う採用方法を用いて、実力主義[※④]で新たな幕臣の登用を推し進めていたのだ。

旧態依然とした、能力に関係なく世襲でお役目が決まる、バカなドラ息子でも大臣になれるというような事態は解消されていた。何を隠そう、あの明治時代を代表する言論人、福沢諭吉も下級藩士の息子に過ぎないのに能力を見込まれ登用されたひとりだ。

※④実力主義
1862年の「文久の改革」では西洋流軍学に精通した旗本を士官候補生として採用した。

新政府が、幕府崩壊後も旧幕臣に人材を求め続けられたこと、旧幕府側にその要望に応えられるポテンシャルが残っていたことにも理由がある。

幕府は、徳川宗家が静岡藩70万石に転封されることで、全国政権としての機能を失ったわけが、静岡に移って以後も、人材を育成する高度な教育機関を存続させていた。これは「幕府はなくなったけど、人材はいつの時代にも必要だから育て続けよう」という発想であり、貧乏暮らしであっても、日本を支える人物を輩出するのだという気概が、静岡藩に満ちていたことを示している。

駿府城内にあった静岡学問所

その総本山といえるのが、※⑤静岡藩が立藩されてから創立された、静岡学問所と沼津兵学校（正式には「徳川家兵学校」）だ。

1868（明治元）年に設立された静岡学問所は、英・仏・蘭・独の4ヵ国語それぞれの学科を揃えた時代の最先端を走る教育機関であった。頭取は※⑥津田真一郎という人物で、佐久間象山の門下で兵学を学び、またオランダ留学の成果として西洋法学を日本で初めて紹介した。

※⑤静岡藩
大政奉還で江戸幕府が消滅した後、徳川家達を藩主として駿府に立藩された。1871年には廃藩置県で静岡県となり、わずか4年の歴史に幕を下ろした。

※⑥津田真一郎
幕臣、官僚。東京大学の基になった蕃書調所に務め、徳川慶喜のブレーンとしても活躍。維新後は司法省に出仕する。1890年には第1回衆議院議員選挙に立候補し当選。初代副議長となった。

幕府がオランダに派遣した留学生たち。前列右端が津田真道、後列右端が西周。

沼津兵学校では従来の漢学はもとより、天文、地理、日本史、西洋史、物理化学、数学（代数、幾何、三角）の各方面をカバーし、語学は英・仏語の選択制となっていた。

初代頭取は弱冠39歳の西周だ。徳川慶喜の側近で漢学、蘭学、哲学[※⑦]に通じた天才である。一等教授（学科主任のようなもの）には咸臨丸での渡米を経験し、オランダに留学経験もある伴鉄太郎や赤松則良らが就いた。

また幕府陸軍の各兵科で頭や指図役を務めた者、脱走伝習隊に属していた者なども教授や手伝いとして集結していた。

なかでも数学科のレベルの高さは全国でも抜きん出ていた。「数学の沼津」の異名をとり、明治期の数学界は兵学校出身者なしでは成り立たなかったという。

※⑦哲学
そもそも、フィロソフィーを「哲学」と紹介したのは西である。この名称が文部省に採用されて今に至る。

●広く開放されていた両校

「そうはいっても、結局は自分たち旧幕臣のためのエリート学校だったんでしょ？」

こう思われる方もいるかもしれない。ところが、静岡藩は藩士が職を失い財政が逼迫しているのにもかかわらず、静岡学問所を農民や町人にも開放していた。希望すれば誰でも受講することができたのだ。沼津兵学校は原則として幕臣の師弟が通ったが、他藩からの留学生も受け入れており、もちろん希望者[※⑧]が殺到、沼津は全国各地から俊英が集う一大文化都市として急速に発展することになる。

決して旧幕臣のエリート教育のための学校ではなく、静岡藩が日本国の将来を憂いて両校を運営していたことが分かる。

1872（明治5）年、日本初の近代的学校制度である学制頒布が発せられると、役割を終えた静岡学問所は教授・学生ともども東京に引き上げていき、廃校となった。沼津兵学校はすでに前年、兵部省の直属となっており、同年には正式に中央の士官養成学校へと移行していく。

両校ともに4年という短い実働機関だったが、静岡学問所はのちに文部大臣を務める外山正一など優秀な高官を政府に供給し、沼津兵学校は海軍大将・加藤定吉をはじめとする、おびただしい数の陸海軍将官を輩出した。彼らOBの働きを見るだけでも、両校の貢献は「近代教育発祥の地」に恥じぬものだったと言えるだろう。

※⑧希望者
この中には長府藩出身で後の陸軍大将、乃木希典がいたが、入学は叶わなかった。

幕末の逸話 其の20

【幕府も身を切る覚悟はできていた】

幕府も立憲国家を目指していた

●幕府も立憲国家の樹立を目論んでいた？

幕末期には、相容れない政争のライバルだった幕府と薩長側も「いかにして外国の脅威に備えるか」という目的については一致していた。そこで両陣営からは国防の増強や内政の改革について、さまざまな意見が出された。中には、脅威の対象であった欧米の知識や最先端の思想を吸収し、それを大胆に活かした発想で国難を乗り切ろうとした知識人たちもいた。

結果として、政争に勝利した薩長側が改革に乗り出すことになるのだが、面白いのは、彼らが明治も中期になってようやく実現させた立憲君主国家の構想が、幕末期にすでに幕臣たちの間から提案されていたことだ。

代表的なのは西周の「議題草案」だ。上院、下院による議会の運営、権力の集中を防ぐ

※①国防の増強
港区のお台場はもともと「台場」、つまり砲台があったところである。1853年、ペリー艦隊の脅威に対抗するために8か月で完成させた。幕府に敬意を払って「御」をつけて「お台場」と呼ばれるようになった。

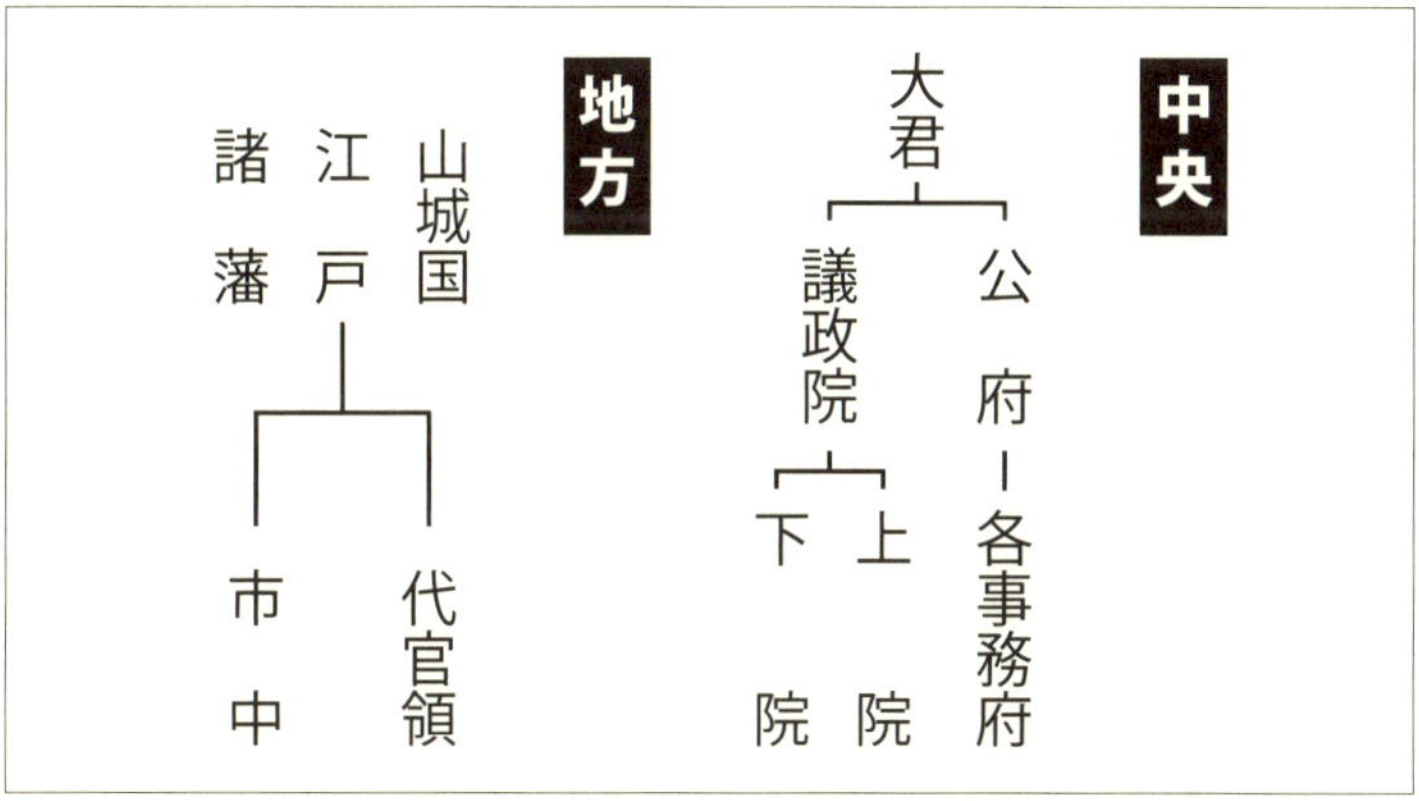

議題草案における、日本政府の組織図。「大君」には徳川慶喜が就任する予定だった。

ために欧米に倣って行政権（政策を執行する権利）、司法権（法律を執行する権利）、立法権（法律、政策を策定する権利）の分割を提案した先進的なものだ。

　さらに「世禄を減らし、門閥をなくし、兵制を整える」という幕府にとっては非常に危険な提案も含まれている。つまり「武士の給料を減らし、世襲を廃止し、徴兵制を敷く」と言っているのだ。これは、いずれは武士という階級の消滅を視野に入れていたことを意味する。

　もっとも、上院には大大名が就き、下院は各藩から藩主選任の1名を選ぶことになっていたり、徳川慶喜をあらゆる政府機関を統轄する元首「大君」※②と位置づけているあたり、幕臣の限界も見え隠れする。幕府の骨組みは変えても、その中で将軍家が今までのように政治的イニシアティブを握っていられる政治構造。周が苦心

※②大君
大君とは、もともと「将軍」の対外的呼称である。草案の中では行政、立法、司法の頂点に君臨し、国内情勢安定後は軍事権をも掌握するというアメリカ大統領並みの強大な権限を有する。

した様子が分かる。

西周と並ぶ幕府の天才、津田真一郎も「日本国総制度」を立案している。特色は連邦制をとり、その主権者を大統領（もちろん徳川慶喜）としている点だ。また下院は「日本全国民の総代にして国民10万につき1人ずつ推挙すべき事」としている。つまり選挙制度の導入を説いている。かなり急進的と言えるだろう。

●大政奉還は龍馬の功績なんかじゃなかった

さて「議題草案」において、天皇は元号の変更や爵位の授与、裁可（拒否権はない）を行う役割が与えられている。つまり、現代の象徴天皇のような存在で、実権は一切与えられていないのだ。この案が作成されたのは１８６７（慶応３）年、大政奉還が成された年である。

これから大政（日本を支配する権利）を奉還（天皇家に返す）するという時に、このような体制を検討させるとは、どういうことか。

実は、慶喜は「政治から離れて久しい朝廷※③には行政執行能力がない」と見ていた。だとすれば、奉還することで、大政は宙に浮く。そこで幕府が乗り出して、自分たちが主導して新しい政治体制を作るつもりだったのだ。ところが薩長が態度を硬化させたため、その目論見は崩れ、戊辰戦争に突入していくことになる。

※③朝廷
慶喜は自分が実権を握ろうとする一方で、朝敵とされるや、すぐに上野寛永寺に引っ込むなど、最後まで朝廷との対立を嫌った。これはもともと実家の水戸徳川家が尊皇思想の総本山であり、母親も皇室出身であることが影響だろう。

というわけで、大政奉還論は、もとはと言えば幕府側の人間が最初に主張したものだ。蕃書調所総裁や京都町奉行を歴任した旗本の大久保忠寛[※④]がそのひとりであり、坂本龍馬は彼を訪ねていった時に、その持論をこんこんと諭されているのだ。今や大政奉還といえば龍馬、ということになっており忠寛の存在は無視されているが……。

それを土佐に持ち帰った龍馬が、山内豊信や後藤象二郎に打ち明け、それが練られて最終的に山内豊信発案による「幕府をソフトランディングさせる大政奉還論」として完成した。ところが薩長サイドの謀略で方向性が変えられてしまい、歴史の教科書に載っているような形の大政奉還に落ち着いていくのだ。

このように、幕府側も「何が何でも今まで通り」というわけではなく、時代に合った新しい政治の在りかたを模索していたのだ。

龍馬に大政奉還の構想を語った大久保忠寛

同じ幕臣の勝海舟は、

「幕府はもうダメだから潰してしまった方がいい」というようなことを語っていたが、そこまでしなくても何かできることはあるはずだと、多くの幕臣や徳川家恩顧の大名たちは、最後まで知恵を振り絞っていたのだ。

※④大久保忠寛（1818～1888）
号を一翁。幕臣。旗本の子として生まれる。将軍の小姓からそのキャリアをスタートさせ、幕府の要職を歴任した。公武合体派として議会政治を目指したが、幕府は瓦解。戦後は新政府に出仕し東京府の5代目の知事となった。

幕末の逸話 其の21

【〝戊辰戦争第2ラウンド〟に挑んだ男たち】

明治初期の言論界は幕臣だらけ

●明治初期の言論界は旧幕臣でいっぱい？

明治維新後、薩長の人材に劣らぬ能力を持った旧幕臣たちは、働きの場を新政府に求めていった。しかし、かつての敵のもとに降ることを良しとせず、あくまでも在野に留まった男たちも数多くいた。そんな彼らの受け皿となったのが「言論界」だ。

近代日本の幕開けと同時に、日本は自由な言論が活発に交わされる社会へと、大きくシフトした。あまりに過激なものは新政府によって取り締まり※①の対象とされたが、火がついた言論の炎は燃え盛るばかり。

高い教養を持つ旧幕臣たちが、歓迎されるのは当然の流れだ。新政府に不満を持つ旧士族たちが佐賀の乱や西南戦争で武力で政府に挑むのを尻目に、刀をペンへと変えて、さながら「戊辰戦争第2ラウンド」とでも言うべき戦いを挑んでいったのだ。

※①取り締まり
1875年には讒謗律と新聞紙条例が公布。中には「ペンネームは禁止」という条文があったが、これを逆手に取って本名を捨ててペンネームを戸籍名として活動した猛者もいた。

もちろん、新しい時代を肯定的にとらえて、これを擁護する論調を展開した者もいる。どちらにせよ、高度な知識と現状認識力がなければ不可能なことで、旧幕臣のポテンシャルがいかに高かったかがわかるというものだ。

年号が明治になって早々、日本各地でさまざまな新聞が産声をあげている。今に残る新聞だって少なくはない。そして、その新たな〝奉公先〟に、旧幕臣の多くが身を投じていたのだ。

旧幕臣で、新政府の誘いを蹴って言論界に身を投じた人物の筆頭は、あの福沢諭吉だろう。彼の場合、直接的に新政府を非難する立場は取らなかったが、新しい日本という国の未来像やあるべき姿などを、著作を通じてずっと発信し続けた。彼も一時、「明六社」という思想結社に属して、新聞発行に携わったことがある。

〝痩せ我慢〟を貫いた栗本鋤雲

その論吉が明治34（1901）年に発表した論考に「痩せ我慢の説」※②というものがある。幕臣でありながら新政府で栄達を遂げた勝海舟や、榎本武揚の出処進退を厳しく批判したものだ。2人の能力を高く評価しながらも、その能力に見合った身の引き方があるのでは、という主張だった。

その「痩せ我慢」を貫いた幕臣出身の言論人が、栗本鋤雲《じょうん》だ。

※②痩せ我慢の説
戦国時代に徳川家康を支えた三河武士たちの「士風の美」を理想とし、それに反するとして勝と榎本をひたすら個人攻撃するという、いささか乱暴な論文である。それもそのはず、もともと論吉は発表するつもりはなかったが写本が流出してしまい、要望を受けたので世に出したという経緯がある。

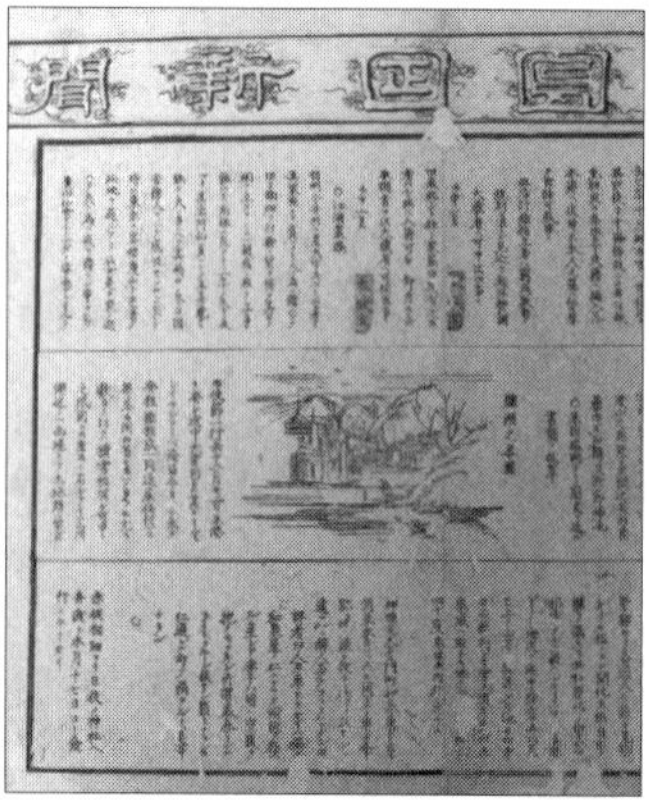

旧幕臣・福地源一郎が主筆を務めた「東京日日新聞」の創刊号（写真提供：毎日新聞社）

元は幕府の奥医師で、才を買われて外国奉行や勘定奉行、箱館奉行といった要職を歴任、同時期に勘定奉行だった小栗忠順と親交を結び、幕末期の幕府にとって大きな支柱のひとりとして活躍した。

徳川慶喜の弟である昭武の渡欧に随行している間に大政奉還を迎え、帰国後は新政府から熱心な誘いを受けたものの、「二君に仕えることを潔しとせず」という理由で固辞した。

その後明治5年に創刊の『郵便報知新聞』に主筆として迎えられ、ジャーナリストに転身した。創刊したのは〝郵便の父〟として1円切手に肖像画が描かれている前島密だが、実は彼も海軍操練所に在籍していた旧幕臣だ。この新聞社は、名前が示すように、現在はスポーツ紙『報知新聞』※③として存続している。

鋤雲は生涯、旧幕臣としての誇りを捨てなかった人物だった。諭吉と同じく、幕府に重用されながら維新後に新政府で出世した勝海舟を非常に嫌っており、晩年に旧幕臣の会合に出席して勝を認めるや「下がれ！」と大喝※④、場を凍りつかせたという。

※③報知新聞
当時、栗本の部下には犬養毅がいた。後に総理大臣となり、5・15事件に巻き込まれ「話せば分かる」との言葉を残す。

※④大喝
栗本が激怒した理由としては、勝が新政府の人間となったことに加え、徳川慶喜の十男、精（くわし）を養子として迎えたのも影響したと思われる（勝の長男は早逝している）。

●他にも大量にいる元幕臣のマスコミ人たち

幕府陸軍伝習所出身で、戊辰戦争では「遊撃隊」を結成し、会津や日光で新政府軍と戦った沼間守一《ぬまもりかず》は、大蔵省に勤めたり元老院権大書記官などを歴任した後、自由民権運動に共鳴して『嚶鳴雑誌』を創刊。『横浜毎日新聞』を買い取って『東京横浜日日新聞』としてリスタートさせ、自由民権運動を擁護した。本邦初の日刊紙であった。

守一と主張は対立していたが、明治を代表する言論人のひとりである福地源一郎※⑤も旧幕臣である。もともと蘭学を学び医者の道を目指していたが、縁あって生まれ故郷の長崎から江戸に向かう咸臨丸に乗船。幕府に仕官して、幕末期を外国奉行などの役所で過ごした。

1868（慶応4）年には早くも3～4日おきに発行される、半紙10枚程度の分量からなる『江湖新聞』を創立。あっという間に政府に睨まれて発行停止となってしまうが、中江兆民と開いた塾で英語を担当したり、明治3～7年は大蔵省に出仕したりもしている。辞官後に再び新聞界へ。『東京日日新聞』の主筆兼社長となり、親政府の立場で自由民権運動を批判した。同紙は現在も『毎日新聞』として存続している。

他にも『朝野新聞』を創刊した元外国奉行の成島柳北や、元旗本で「明六社」※⑥創立メンバーの箕作秋坪など言論に身を投じた幕臣は数多い。「戊辰戦争第2ラウンド」が権力の番犬たるマスコミを作る素地になったのだとしたら、何とも皮肉な話である。

※⑤福地源一郎（1841～1906）
号を桜痴。幕臣。ジャーナリスト。蘭学、英語を修め、幕府の使節として海外に赴く。同時に海外の新聞に興味を抱く。『江湖新聞』の発禁処分は、日本初の言論弾圧事件である。

※⑥明六社
日本初の学術団体と言われる。名前の由来は「明」治「六」年の結成だから。福沢諭吉、西周、森有礼、津田真一郎。加藤弘之など、各界から錚々たるメンバーが集結した。

幕末の逸話 其の22

幕府外交が起こしたウルトラC

【「外交ベタ」幕府が編み出した仰天の計画とは】

●幕府は外交下手ではなかった？

泰平のねむりをさます上喜撰
　たった四はいで夜もねられず

幕末期に流行した狂歌である。上喜撰※①とは高級茶のブランド名で、「蒸気船」とかけており「四はい」は開国を迫ったペリー艦隊が4隻だったことに因んでいる。長い鎖国政策のもと、泰平の眠りを貪った日本が、外国艦隊の襲来で叩き起こされ、夜も寝られなくなった、と皮肉っているのだ。

当時の混乱ぶりが窺えるが、幕府は事前にオランダから情報を得ていたため、庶民ほど

※①上喜撰（じょうきせん）宇治の高級茶。本来の名前は「喜撰」で、中でも高級なものをこう呼んだ。喜撰の由来は古今和歌集に登場する六歌仙のひとり、喜撰法師から。現在、このブランドは復刻されており、取り寄せることができる。

ペリー艦隊の旗艦、ミシシッピ号

慌てていたわけではない。それでも欧米列強との外交交渉は押されっ放しだった。

すでに世界中でお得意の恫喝外交と植民地支配を繰り広げていた彼らを相手に、今まで清やオランダしか相手にしたことのない幕府は終始、右往左往させられた。

しかし、そんな「弱腰外交史」の陰に隠れた幕府のウルトラCとも言える計画があったことをご存知だろうか？

●避けたかった神奈川湊開港

1858年に「安政の5カ国条約」※②を結んだ日本は、開国するにあたって開港地として5港を指定された。江戸近郊で指名されたのは神奈川湊だ。

幕閣は頭を抱えた。というのも、神奈川は江戸に通じる東海道の街道筋に位置す

※②安政の5カ国条約
幕府が1858年にアメリカ・イギリス・フランス・ロシア・オランダの5カ国それぞれと結んだ通商条約の総称。よく知られているように領事裁判権が認められていたり、関税自主権がないなど、日本にとって不平等な条約であった。

る、交通の便が良い大宿場町だった。そんなところに外国人がドッと押し寄せる場所を作ってしまったらどうなるか。

トラブルの温床となるのは確実であり、列強に付け込まれる弱みを量産することになるだろう。いざという時に、容易に江戸に進軍されるのも避けたいところだった。

そこで幕府は一計を案じる。日本側で条約の文章を巧妙に〝解釈〟することで、指定された開港地から遠い場所に、「もうひとつの神奈川湊」を作り出すことを思い立ったのだ。

まず立地だ。「神奈川じゃないけど神奈川」という場所を確保しなければならない。そこで白羽の矢が立ったのが横浜だった。今でこそ一大繁華街に発展し、オシャレな街として知られている横浜も、当時は人口も少ない田舎の漁村に過ぎなかった。

東海道からほどよく離れていて、交通の便はそれほどよくない。開発しようと思えば、広い空間を利用できる。神奈川と比べると海が浅くないので、桟橋などを作れば大型船も[※③]寄港できる。調べてみると、いいことずくめの好立地だ。

そこで幕府は、この横浜を「神奈川」として開港地にしてしまう。

●突貫工事で商売の街を作り上げる

海岸線は、幅1キロに及ぶ範囲を突貫工事。外国人居留地や街道などをあっという間に建設して、港町としての体裁を整えた。何せ、来日していた外国人たちが、その工事のス

※③大型船も寄港
生麦事件を巡る薩摩藩とイギリスの争いでは、戦艦7隻が横浜より出港、薩摩藩に直接交渉をかけている。

開港期の横浜。多くの商船で賑わっていることが分かる。（写真：横浜開港資料館所蔵）

ピードに驚いたぐらいで、わずかな期間で街がひとつできあがったのだ。

街があっても人がいなければ話にならない。超高速建設ラッシュで街としての体裁が整いはじめると同時に、優遇策をいろいろと作り出し、横浜への移住者を積極的に募集した。貿易街だから商人が必要だ。それも大がかりに……。幕府は税金免除などの方策で国内外の商人を釣りまくる。

幕府直々のご指名で、当時すでに有名だった両替商の大店・三井が出店したりもした。そうして続々と商人が移住してきて、商行為が活発化。横浜は貿易街で商売の街だということを、いわば既成事実のように作り上げてしまった。

7月1日に神奈川湊の視察に赴いたイギリス大使オールコック※④は驚いた。「KAN

※④オールコック（1809〜1897）名はラザフォード。イギリスの外交官、医者。軍医を経て外交官に。1859年、初代駐日総領事に就任。幕府の遣欧使節派遣を支援したが生麦事件の対処を巡って本国から召喚されてしまう。著書に日本の様子を著した『大君の都』がある。富士山登山に執念を燃やし、様々な障害を乗り越えて登頂を果たした。

AGAWA」ではなく、対岸の「YOKOHAMA」村に一大都市が出来上がっていたのだ。

もちろん、これで引き下がるようでは列強の大使は務まらない。

条約の批准を求め、幕府に詰め寄った。

いつもなら弱腰の幕府もこの時ばかりは強硬だった。

「開港を約束した神奈川というのは、神奈川湊や横浜村を含む〝湾岸〟である」などと屁理屈をこね、あくまでも横浜港で押し切る構えを見せた。一方で新設された横浜を管轄する奉行所や横浜に設けた運上所（現在の税関に相当する）には「神奈川」と名付け、「横浜は神奈川の一部」というさらなる既成事実を積み上げていった。

もうひとつ、横浜の街づくりにはしかけがあって、地形的に見るとまるで出島のようになっていた。居留地からもっとも近い街道へは一本道しかなく、その接点上に運上所※⑤が設けられていて、税関の役目とともに関所の役目も果たしていた。一本道は運上所から丸見えで、外国人たちの動きも把握できる。こんなところにも幕府の周到さが表れている。

●外国人商人への優遇策

それでも外交官たちはあくまでも幕府に条約を履行させようと、神奈川の地に公使館などを設けて意地を張っていた。しかし、さきほど紹介した幕府の商人誘致策がすでに効果

※⑤運上所
幕末から明治にかけて外国からの物の出入りを監督した機関。現代でいえば税関だが、運上所は港での外交事務、行政、刑事、船舶の製造・修理まで管轄する総合的な役所だった。所在地は現在の神奈川県庁。

を発揮していた。

当たり前だが、外国商人たちが関心があるのは取引する港のお得感、利便性である。遠浅で大型船が接岸できず、沖合に停泊して小舟で物資を陸揚げしなければならない神奈川湊よりも、海底が深く、大きな栈橋があって楽に陸揚げできる横浜の方が圧倒的に便利だ。

それに横浜であれば他国の商人が集まっていて商品や情報のやりとりが容易だし、商売相手の日本の商人だって、数多く集まっている。これでは、いくら外交官が「神奈川湊に来るように」と指導しても耳を貸すはずがない。

そうこうしているうちに、横浜は一大貿易港として発展していくばかり。貿易などの商行為が事実上、神奈川ではなく横浜で行われ、また日本側の窓口は横浜に作られた奉行所や運上所だったから、外交官たちは何かの手続きでいちいち神奈川と横浜を往復しなければならなかった。

結局、自国の商人たちとのやり取りにも手間がかかるため、現実的に判断して横浜に拠点を移すようになった。その後、横浜が生糸貿易、商業、旅客、工業港※⑥として日本を代表する国際港湾都市へと発展していったのは現代の繁栄ぶりを見ての通り。

自分たちの都合を押し付けるばかりでなく、相手方のメリットも確保した上で、既成事実化したこちらの主張へ相手を誘導する。現代の政治家たちに見せてあげたいような、幕府の見事な外交手腕であった。

※⑥工業港
京浜工業地帯が形成されると、横浜は貿易港から工業港へと姿を変える。昭和初期は製鉄、造船、自動車などの軍需産業が発展した。

幕末の逸話 其の23

【日本の象徴はすでに考案されていた】

すでに存在していた日の丸！

●昇平丸が掲げた「日の丸」

我々日本人は日頃、良くも悪くも「日本」という国に属していることを意識し、事あるごとに「日の丸」の国旗を掲げている。

この「日本」という概念やそのシンボル「日の丸」が誕生したのはいつかご存知だろうか？　「日本」という国――北海道から沖縄までを統べるひとつの国家機関――が誕生したのが明治時代だから、そのシンボルである「日の丸」ができたのもこの時代。

こう思われていることが多い。しかし、すでに幕末期に日本という国を意識し、「日の丸」を使っていた男たちがいたことはあまり知られていない。

1854（嘉永7）年、幕府はアメリカと日米和親条約を結んだことによって、日本の船と外国船を区別するためのシンボルが必要となった。幕府を代表する徳川家の家紋「三※①

※①三つ葉葵
「三つ葉の葵を図式化したもの」と思われがちだが、実はこの植物は実在せず、架空の産物である。水戸黄門が「ジャーン！」というBGMと共に見せびらかすことで有名だが、江戸初期までは御用商人の長持ちなどにも描かれていたマークである。

日本初の洋式軍艦「昇平丸」

つ葉葵」や皇室を表す「菊のご紋」では、あくまでも権力者や統治者が誰かを示すものとしか認識されないから、新しく作り出す必要があったのだ。イギリスがウインザー朝の紋章ではなく、ユニオン・ジャックを使うのと同じだ。

なぜ「日の丸」のデザインが採用されたのか、また最初に使われたのはいつなのかには諸説あるが、通説では、「日本」を指し示すシンボルとして、船の上に「日の丸」旗を掲げた最初の人物は薩摩藩の島津斉彬※②だと言われている。

斉彬は1854（安政元）年に国元で、日本最初の洋式軍艦「昇平丸」※③の建造に成功した。これは翌年、幕府に寄贈されるのだが、就航時に掲げた旗が「日の丸」だったのだ。

※②島津斉彬
（1809〜1858）
薩摩藩11代目の当主。曽祖父の影響で洋学に強い興味を持ち、それを使って薩摩藩の富国強兵に努めた。反射炉・溶鉱炉の建設をしたり、ジョン万次郎を保護して、藩士に造船方法を学ばせたりするなどした。将軍継嗣問題では一橋慶喜を推すが敗れ、やがて病死した。

※③昇平丸
島津斉彬が琉球王国の防衛を名目に建造した、日本で2番目の洋式軍艦（1番は鳳凰丸）。竣工後は幕府の練習艦として使用され、維新後は北海道で輸送船になる。1870年に座礁し、破船した。

アメリカのペリーが来航したとき、彼らの船団には星条旗が掲げられていた。聞けばそれは、国を示すシンボルだという。一方で当時の日本に、星条旗に相当するシンボルはなかった。鎖国していたから必要なかったのだ。しかし今や状況が変わっている。

そこで斉彬は、昇平丸を幕府に譲り渡すとき、時の老中・阿部正弘との会談で、日本のシンボルをどういうデザインにすればいいのか、自分の意見を述べた。

「伝統ある日の本、という国を名乗るのだから、太陽[※④]をモチーフにしたらいかがか？」

そして自ら用意していた4種のデザイン案を提示。わかり易さと、諸外国の国旗に似た意匠がないという理由から、現在も使われる「日の丸」が国旗となったのだ。

幕府はこれを正式に「日本国総旗印」と定めた。つまり国旗としての「日の丸」の正式な成立は、１８５４（安政元）年だった。そして翌年、これを掲げた昇平丸が、薩摩藩から幕府に譲られるのだった。

●今でいう「日本」という意識も幕末期から存在していた

前項で「日本国総旗印」という言葉が出てきたことからもわかるように、ペリー来航直後にはすでに、幕府内にも「日本」という意識がすでに芽生えていた。独立割拠する藩の集合体としての徳川家が束ねる日本ではなく、藩という垣根を取っ払ったところにある「日本」という意識。現代からすると理解し難いのだが、藩あっての日本と考えるか、日

※④太陽
一説によると、島津斉彬は鹿児島城内から見た、桜島から昇る太陽を美しく思い、これを国旗にしようと思い立ったという。

本あっての藩と考えるかは、大きな違いがあるのだ。

例えば北海道や東京都、大坂府や鹿児島県といった都道府県の、どれかが欠けても日本じゃなくなるように現代人なら思う。しかし当時は薩摩や長州、会津といった土地すべてが独立国だったし、その中で一番広い領地を持つ、武家の中で実力が抜きん出ていた徳川家が、彼ら諸侯を束ねていたに過ぎない。徳川家は「日本」ではないし、全藩をひっくるめてどうこうという発想はないに等しかった。

ところが外交問題に当たった老中の阿部正弘には、それがあったのだ。彼は自身の侍講としていた「日本統計学の祖」と言われた杉純道※⑤からドイツ版の世界地理書を見せてもらい「我が国は狭いな」と感嘆したとされている。

そして狭いからこそ、国難にあたって全国の人材から知恵を結集しようと考えた。「藩なんて関係ない。一大事に『国』として団結しましょう。譜代とか外様とかも関係ありません。いい知恵あったら貸してください」

このように朝廷や諸大名、幕臣、さらには市井からも広く打開策を募ったのである。門閥で全てを決めていた幕政を、諸国との協調路線に転換したのである。結果として、これが諸大名の権限を強めることにつながり倒幕への道が開かれてしまったのだが、彼がいち早く「日本」という国を憂いて手を打ったことは疑いがない。

日の丸のデザインを考えた島津斉彬も、黒船来航という事件で「日本」という国の形が

※⑤杉純道
（1828〜1917）
統計学者、法学博士。緒方洪庵の私塾「適塾」を経て、勝海舟の知遇を得たことから阿部正弘の侍講となる。維新後、太政官正院政表課大主記（今で言う統計局長）に就任。近代では日本初となる総合統計書『日本政表』の編纂を行う。

老中・阿部正弘

見えたからこそ、国旗のデザインを考え出したはず。また、正弘の諮問に応えて意見書を提出した大名、幕臣、名も無き市井の人々も、国を思って対策を考えたはずだ。

さらに先進的な人物もいた。肥後出身の横井※⑥小楠は「公共」という概念を提唱し、1855（安政2）年ごろから積極的に、「開国により富国強兵を果たして日本を一流国家にした後、アメリカと協力して世界平和を実現する」という持論を展開。

日本一国はおろか、後の国際連合にも通じる構想を持っていたのだ。決して、坂本龍馬らの志士だけが、「日本」というビジョンを持っていたわけではない。むしろ、薩長の志士たちは自分たちが「藩」を廃したのにもかかわらず、その旧弊に囚われていた節がある。

例えば、西郷隆盛は島津久光という旧主の意向を軽々しく足蹴にできずに苦労した。これは藩時代の上下関係が大きく左右していたと思われる。冷徹な官僚タイプの大久保利通ですら、久光に対しては遠慮するところがあった。

「維新の志士たちは日本全体のことを考えていて、幕府側の人間たちは古い制度を守ろうと汲々としていた」というのは、あくまでイメージに過ぎないということだ。

※⑥横井小楠
（1809〜1869）
儒学者。熊本藩士の子として生まれ、藩校「時習館」で学び、江戸留学中に当代一流の士と親交を深める。熊本藩出仕を経て、1843年に私塾を開き、後に福井藩に招聘される。維新後、新政府参与となるものの、十津川郷士に暗殺される。私塾には坂本龍馬をはじめとする数多くの志士が訪れ、その先見性から「維新十傑」のひとりに数えられる。

第四章
仰天！ 幕末の裏エピソード

幕末の逸話 其の24

【酒で油断させて刺し殺す？】

仰天の黒船撃退計画とは

●「黒船来航」で庶民が国政参画？

1853（嘉永6）年にペリー提督が艦隊を率いて姿を現した「黒船来航」は、日本の一般庶民にとっても重大な関心事だった。それよりずっと前から、沿岸部では外国船を目にする機会が増えていたし、日常生活に変わりはなかったものの「時代が変わりつつある」と肌で感じていた人々は多かったことだろう。

ペリーによる開国要求が幕府を大きく揺るがし、やがて公家や雄藩も巻き込んだ天下の大騒動に発展していく様子は歴史の授業で学んだことと思う。実は、このとき政治的なうねりに巻き込まれたのは政治の当事者である幕閣や諸藩の藩主、公家といった人たちだけではなかった。

※①第三章で触れたように、当時の老中・阿部正弘は開国問題を処理するにあたり、広く天

※①第三章
133ページ参照。

下から優れた策を募集しようと、全国各藩の藩主に意見書の提出を求めている。それと同時に、なんと将軍のお膝元、江戸の庶民たちにも広く意見が求められたのだ。

すでに、強硬派の代表格と言える、水戸の徳川斉昭の「尊皇攘夷」論は、庶民の間にも知れ渡っていたから、意見することを許された庶民たちは、ここぞとばかりに自慢の「外国人撃退策」を幕府に提出する。庶民は幕府や藩主たちのように、その計画に大金を投じることなどできないから、具体的で身の丈に合った策を考えた。目前に迫った危機に対して、江戸っ子たちも黙って指をくわえているつもりはなかったのである。

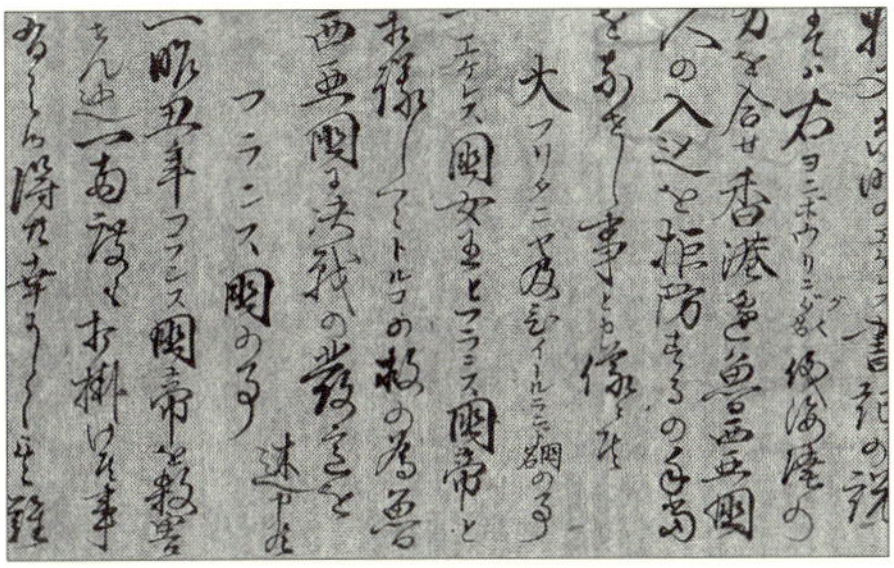

オランダ風説書

幕府関係者はオランダ商館長から手に入れた「オランダ風説書」[※②]によって欧米の政治的情勢や世情を、高いレベルで把握していたから、ペリーの来航目的が通商の要求だと知っていた。だから国の行く末を考えるときは「今後外国とどう付き合うべきか」という大局的な観点で対策を練った。

しかし庶民は、そうはいかない。生活を脅かされるという恐怖もあるから、積極的に外国人を打ち倒し、鎖国体制を貫こうという保守的な思考の方が先走っていたようだ。

だから庶民から提出された意見書は、ほとんど全部と

※②オランダ風説書
すでに日本が鎖国下にあった1640年、幕府がポルトガル、スペインの動向を知るため、唯一の貿易国オランダに頼んで定期的に作らせた「機密文書」である。1840年からは「別段風説書」も提供開始。これはアヘン戦争がアジアに及ぼす影響を鑑みたオランダが別途制作してくれたもの。

いっていいほど、攘夷の具体的な実行策だった。しかし外国人の実態も知らなければ、彼我の実力差にも考えが及ばない。とにかく何の情報もないまま、半ば妄想に近い攘夷論を具体化しようとしていたから、現代の我々から見ると笑ってしまうような滑稽な提案ばかり。太平洋戦争時の「竹槍でB29爆撃機を撃ち落とそう」※③といったスローガンに近い、珍妙な作戦が見られる。

それでも本人にしてみれば、自分にできる精一杯の妙案。真剣そのものだった。何せ「意見が通ればすぐにでも実行します」と書面の中で息巻いている者もいたほどだ。

●実現しなかった「酒を贈って寝込みを襲う」「吉原でメロメロ」

江戸の庶民が発案したものの、惜しくも幕府に採用されず実現しなかった攘夷の妙案を、いくつか見てみよう。

まずは、「吉原遊女の魅惑に外国人もメロメロ」作戦。

内容はこうだ。吉原※④でも名が通った、いわばミスコン上位者だけを集めて、外国人の接待役にする。世の男を手玉に取った自慢のテクニックを駆使してもらい、外国人をメロメロにして篭絡しようという作戦だ。目的も忘れて女色に耽ってくれれば結構、それで満足してお帰り頂こうという、少々虫が良い作戦である。

実はこの作戦に関しては、幕閣も似たようなことを考えていた。すなわち「性の防波堤」

※③竹槍でB29を～
主に「不可能な試み」の例えとして引用されることが多いが、当時の陸軍は本気で竹槍訓練を実施していた。こうした風潮に対し、毎日新聞社の新名丈夫記者が「竹槍より航空機だ」との記事を書いたところ、30代後半にもかかわらず懲罰召集され前線に送られそうになった（「竹槍事件」）。

※④吉原
江戸の遊郭。約2万坪の敷地を誇ったとされる。常時3000人ほどの売春婦を抱えていた。

吉原の遊女たち。国のために身を投げ出す覚悟を持っていた。

の必要性だ。

敗戦直後の日本と似ているが、当時の庶民の間では、「凶暴な外国人は上陸したらあたりかまわず女を陵辱する」という根拠のない噂が流れていた。

そうした事態を未然に防ぐためにも、一種の「慰安婦」[※⑤]のような存在が欠かせないと考えたのだ。白羽の矢が立てられたのは、もちろん吉原である。

防波堤にされる遊女たちはたまったものではないが、彼女たちは恐ろしく肝が据わっていた。

「そういうことなら、任せなさい！」

とばかりに申し出を受け入れ、準備を整えていたという。

次は「酒を贈ってどんちゃん騒ぎした外国人の寝込みを一網打尽」作戦。

※⑤慰安婦
実際にそのような役目を与えられて米駐日総領事・ハリスの元に赴いたのが「唐人お吉」として有名な斎藤きちである。しかし生真面目なハリスが要求したのは「看護婦」であり「慰安婦」ではなかったため、きちが役目を果たすことはなかった。ちなみに病床のハリスがきちに頼んで牛乳を買って来させたのが「日本初の牛乳の商取引」だったと言われている。

当時の絵画でデフォルメされた黒船。まるでモンスターだ。

まずは大量の酒や肴をプレゼントとして用意する。町人の中から有志を募り、「お近づきの印に……」と笑顔で黒船に乗り込み、ついでに船中で宴を繰り広げる。

そして、へベレケになった外国人たちがぐっすり寝込んでしまったところで、小舟で待機していた別働隊が合流。手にした包丁などの武器で、外国人船員を一網打尽にしてしまうという計画だ。

もちろん友好的な交渉を進めていた幕府が許すはずもない。それに、許可が下りたとしても、黒船の船員たちを酒で酔わせるという時点で無理があった。

というのも、「外国人の酒の強さにはビックリさせられた」という開国後の庶民の逸話が、いたるところに残されているからだ。

酒で立ち向かったところで、返り討ちにあった可能性が高い。それに庶民が用意できる武器など、包丁や鍬や斧といった日用品に過ぎない。相手は訓練された海軍軍人であり、最新鋭の火器で武装していたのだから、実現したとしても悲惨な結果が待っていたことだろう。

●小舟で突撃！　黒船の腹に風穴を開ける作戦？

最後は「小舟で夜襲をかけ、黒船の土手っ腹に風穴を開けろ！」作戦。これは大量の小舟を近隣の漁村などでかき集め、舳先に先端を尖らせた木材などをくくりつけ、夜陰に乗じて黒船に接近。そのまま勢いよく体当りして、船体に穴を開けて沈めてしまおうという、野蛮極まりない作戦である。

木造船が主流だった頃の海戦においては、この体当たり戦法[※⑥]が用いられることが世界的にも多かった。艦砲射撃の応酬がない時代は、船を接近させ銛のようなものをつけたロープを相手の船に投げて船同士を固定、戦闘員が相手方に乗り込んで白兵戦を繰り広げる、というのが一般的な戦法だった。江戸の庶民にとっては、自分たちの知識レベルでも理解できる有効な作戦のひとつだった。

ただ問題は、黒船は漁民が持っている貧弱な船で風穴を開けられるほど、ヤワな船体ではなかったということだ……。

このように開国以前は、庶民たちも攘夷に知恵を絞っていた。しかし開国して状況が一変すると、外国人をひと目見ようとする物見遊山の人だかりができた。庶民の中でも外国人に対する恐怖心が薄らいでいくのと同時に、好奇心が育っていったのだ。

こうした動きも世界史の中では、異文化同士が出会うときによく起きる光景だろう。

※⑥体当たり戦法
艦船の船首に取り付けられた体当たり用の武装を「衝角」という。その歴史は古く、古代ギリシャの艦船に付いていたことが知られている。衝角は意外にも長く使われ、その意義が完全に消滅したのは日露戦争の時であった。日本海海戦で遠距離砲撃のみで勝敗の帰趨が明らかになったことで、「もはや体当たりの時代ではない」と結論が出たのだ。

幕末の逸話 其の25

【名も無き市民たちの生活】

市井の生活はどんなだった？

●白米ばかり食べていた江戸っ子たち

幕末といえば、志士たちや新選組の活躍に目が行きがちだが、江戸時代の文化が成熟しきった時期を生きた庶民たちの生活は、どのようなものだったのだろうか。江戸を中心に見てみたい。

食生活でいえば、主食は何といっても米であった。男は1日5合、つまり1食につき1合半以上のお米を食していた。ご存知だと思うが、1合半といえば茶碗にテンコ盛りである。我々が1日に食べるのは平均にして1合強だというから、凄まじい消費量だ。

「ひとり1日5合」という基準は、そのまま武士の給料の基準になる。食事に制限を加えなければならないような理由がない限り、この量を出していたのである。これが農村に行くと、雑穀が混じることになる。

江戸時代の農民

おかずは１汁１菜が基本で、武士だろうが町人だろうが朝は味噌汁にお漬物、煮豆や納豆が付けば高級となる。昼食は外で働く人は弁当箱にご飯をつめて沢庵に煮豆か佃煮だ。夕食には汁に鰯の目刺しでも出てくれば大喜びで、普通は野菜の煮たものくらいだったという。

こんな食生活では、当然栄養に偏りが出てくる。ビタミンＢ１の不足で起こる脚気※①が流行した。米ぬかにはＢ１が大量に含まれているのだが、日本人は今も昔も白米が大好きなのであった。国元ではなかなか白米を口にできなかった地方武士が、江戸にやってきて脚気になってしまうことから「江戸患い」などとも呼ばれた（江戸が悪いわけではないのだが……）。

しかし江戸っ子には蕎麦という強い味方

※①脚気
心不全と手足の痺れを特徴とする。米が集まる大都市で発症が多かった。13代将軍・家定、14代将軍・家茂もこれが死因だと言われており、徳川家は2代続けて脚気で当主を失ったことになる。

がいた。蕎麦にはビタミンB1が多く含まれており、漢方医学ではこれを食すと「江戸患い」が快復することも分かっていた。江戸中期以降、蕎麦が流行するのは、脚気を防止する効果があったからだ。明治維新を迎え、白米が全国に行き渡るようになると、再び脚気は結核と並ぶ国民病※②として日本人を悩ませることになるのである。

食で言うと、幕末期の「安くて人気のおかず」ランキングが残されている。ちょっと紹介すると、精進方（野菜系）の〝大関〟は「八杯豆腐」。これは醤油などで軽く味付けしたお湯で軽く煮た後、大根おろしをかけた豆腐のことで、江戸町人の定番メニューでもあった。次に関脇が「こぶあぶらげ」。これは昆布と油揚げを一緒に煮た煮物。小結が「きんぴらごぼう」。魚類方（魚介系）の大関は「めざしいわし」。関脇は「むき身切り干し」で、これはむき身と切り干し大根の煮物。小結は「芝海老空炒り」で芝海老を炒りながら醤油で味付けしたものだ。

●コンビニすら不要の行商人天国

江戸の街には多種多様な職業を持つ町人たちが暮らしていたことが知られている。特に行商人の職種は豊富で「行商人天国」と言っても過言ではなかった。彼らが家の前まで来てくれるのだから、買い物に出かけずとも日常生活を送ることができた。

代表的なのは「食」に関する行商だ。江戸の街は、参勤交代などの影響で武士階級の人

※②国民病
明治維新後、脚気は豊富な白米が集まる軍隊で流行した。ちなみに、いち早く白米との因果関係に気づき麦食に切り替えた海軍と違って、陸軍は白米食を擁護し続け患者を増やした。当時の陸軍医長は森鴎外であり、よく批判の的になる。

江戸時代の屋台（写真：横浜開港資料館所蔵）

口が多かった。つまり男性が圧倒的に多い都市であり、また彼らの多くは単身赴任もしくは独身者であった。こういった状況下で発展するのは外食産業と風俗産業と相場が決まっている。吉原や春画の文化もこうした中で隆盛を誇ったのである。

外食の行商で目立つのは屋台であろう。

江戸前寿司※③にしても、もともとは屋台で食べるファストフードとして広がったものだし、時代劇でおなじみの二八そばも定番だった。

また、お惣菜を売る行商も多かった。彼らが当初、ターゲットにしていたのは単身男性だったのだが「手軽で便利」だと主婦層にも人気が広がっていく。

江戸の街に住む町人の主婦たちがキッチンですることは、ご飯を炊いて味噌汁を作

※③江戸前寿司
江戸前握り寿司の考案者は両国の「與兵衛鮓」の華屋與兵衛とも、安宅の「松之鮨」堺屋松五郎ともいわれている。時期はおおよそ1820年代後半。

ることぐらい。冬には鍋焼きうどん屋まであったくらいだから、場合によっては「買って済ませる」という選択肢もあり得た。また、おでん売りや熱燗を売り歩く人、枝豆屋なんていうのもあって、買い物に行かなくても「家飲み」ができちゃったのだ。

行商に話を戻すと、文房具屋や貸本屋があり、髪結い※④も自宅に来てくれたし、コンビニいらずのきめ細かさ。その日そのときに必要な物を必要な分だけ買うことができたのだ。

それでいえば、アフターケアを専門にする行商人も数多く存在していた。

破れた提灯を修繕する提灯張り、下駄屋は下駄を売る一方で、切れた鼻緒を付け替えたり低くなった歯の入れ替えもしていた。鍋や釜の穴をふさぐ鋳掛け屋。銅の合金に水銀をメッキしていたのが当時の鏡だから、メッキし直して表面を磨く鏡研ぎもいた。

●治安が良過ぎる江戸のポリスマンはたった24人？

このように多種多様な職業の人々が暮らしていた江戸だが、実は治安がすこぶる良かった。犯罪者が引っ捕らえられる「捕物もの」は時代劇の定番ともいえるテーマで、『鬼平犯科帳』『大岡越前』などでは江戸の街に跳梁跋扈する悪人たちが正義の役人に退治される様が描かれている。しかし、現実の江戸時代を下敷きにした場合、こうしたドラマは作れないだろう。そもそも江戸の街に犯罪者が少なかったからだ。

江戸時代の警察機構をおさらいすると、現代でいう警視総監のような立場にあるのが町

※④髪結い
この職業はただの理髪業ではなく、髭剃りや顔剃り、耳掃除もできなければならず、今以上に高度な技術職であった。

奉行。その下に現場を担当する与力がいて、その与力を補佐する立場にあるのが同心たちだ。彼らが独自の情報網を構築して捜査網を広げていく。さらに同心が配下に置いたのが岡っ引き。ここからは一般人だ。

彼らの中で、江戸市中を毎日パトロールする役目を担ったのが「定町廻り同心」。これが南北両奉行所に6人ずつ配置されていた。さらに退職した元定町廻り同心で組織された、現役をサポートする「臨時廻り同心」も同じく奉行所に各6人。つまり、人口は数百万、世界一と言える人口密度の高さを誇る江戸の町を、たったの24人で巡回していたことになる（数には諸説あり）。

これだけの担当者でまかなえたのは、単純に犯罪が少なかったからだろう。その理由としては、当時の国際的な風潮と同じく徳川幕府も「重刑主義」を採用していたことが大きい。10両以上盗めば死刑だったのだ。ほかにも放火犯※⑤は、点けた火が回って火事を起こせば火あぶり。これも時代劇などで見る、高い位置に磔にした犯罪者の足許に点火するというような生易しいものではなかった。背丈ほどの木材に縛り付け、体全体を薪や茅などでグルグル巻きにして頭から油をかけて一気に燃やす。

火が回らなくても市中引き回しの上、死罪を言い渡された。江戸の街は火事も名物。火事には過敏だったから、こうした重罪になったのも納得はできるが、今と比べてはるかに重い刑罰が待っているのだから、おいそれと犯罪に手が出せなかったのだろう。

※⑤放火犯
江戸時代を通じて放火犯は幕府を悩ませ続けた。動機は火事場泥棒であったり、痴情のもつれ、商売敵への憎しみ、出来心など多岐にわたった。

幕末の逸話 其の26

【悪代官、町奉行所、八丁堀の人々……】

あの時代劇の主役はどうなった？

●「御代官様」は「悪人」と同義語？

時代劇の多くは江戸時代が舞台だ。桜の彫り物が映える『遠山の金さん』※①、同心たちが犯罪者を追い詰める『八丁堀の七人』※②、名奉行が「大岡裁き」を見せる『大岡越前』※③……。そして、これらヒーローたちに追い詰められることになるのが「そちも悪よのう〜」の台詞でお馴染みの悪代官様だ。彼ら時代劇に欠かせない代官や同心、奉行たちは激動の幕末期をどのように生き、どのように新時代を迎えたのだろうか。

中でも、あまり実態が知られていない代官を中心にたどってみたい。

代官は幕府直轄領（天領）を監督する役人である。その土地の風土を熟知していないと務まらないことから、特別に世襲を認められる任地もあるなど、特殊な役職であった。一方、ほかの天領への転勤もあった。これも他の役職にない点だ。

※①遠山の金さん
町奉行・遠山金四郎景元が江戸の町を舞台に腐敗した凶悪犯に立ち向かう時代劇。初代主演は片岡千恵蔵。

※②八丁堀の七人
片岡鶴太郎・村上弘明主演の時代劇。与力と同心たちが力を合わせて江戸の町を悪から守る様を描く。

※③大岡越前
30年もの間放送された人気時代劇。一貫して主演を務め加藤剛扮する大岡越前守忠相が人情味あふれる「大岡裁き」を見せる。

日本に唯一現存する代官所、岐阜県高山市の「高山陣屋」

そして着任時には色々と入り用であり、特に任期中の人件費（主に部下として現地で登用する手代たちへの手当て）は膨大だった。しかしギャラはというとほどほど※④であり、半分は人件費に消えてしまった。

つまり、はっきり言えば割に合う仕事ではなく、借金する者までいるくらいであり、篤志家でなければ務まらなかったのだ。

現代のドラマや小説などで悪徳商人と組んでボロ儲け※⑤をするイメージは、このあたりから着想を得たものだと思われる。

しかし、これはあくまで「イメージ」であって、事実ではない。幕末期において時代が変転する中、ある者はその知能を発揮し、ある者は領民の生活に心を砕いた。

そうした〝名代官〟たちの例をいくつか見てみよう。

※④ほどほど
年間経費として支給されるのは担当領地5万石につき550両と70人扶持。

※⑤ボロ儲け
もっとも腐敗した代官もいたことはいたようで、播磨国（兵庫県南西部）の代官で8割8分という法外にも程がある年貢を取り立てていたことが確認できる。

●歴史に埋もれた幕末を彩った有能な「お代官様」たち

代表格は伊豆韮山代官を世襲した江川太郎左衛門英龍。号を坦庵という。任地は相模や駿河など広範であり、合計8万4000石だ。彼は先見の明に優れ、西洋式砲術の採用を幕府に献策した人物であり、砲術教授としても活躍した。門下生も木戸孝允、佐久間象山、橋本左内と豪華なメンバーだ。

弟子も豪華なら配下の手代も豪華だった。筆頭は神道無念流の達人で高杉晋作、井上馨、伊藤博文に稽古をつけた斎藤弥九郎だ。もともと彼と英龍は剣術を共に学んだ仲で、弥九郎が「練兵館」という道場を開くと、英龍は最大のスポンサーになった。

次にジョン万次郎。幼少の折に海に出て遭難、米国の捕鯨船に救出され、本土で勉学に励み、帰国後には日米和親条約締結に尽力するなどして外交官として大活躍した人物だ。

韮山では「農兵隊」も組織した。洋式の調練を採用するばかりではなく、軍用食として従来からある干し飯ではなくパンの製造を進め、雷管や火薬など大砲に必須な技術の開発も手がけた。開国に揺れた時期には任地の沿岸部で台場※⑥を、積極的に建設している。有名な韮山の反射炉も「海に近いが海から見えない場所」が大砲建造に都合が良いと考えて建設したものだ。

こんな知恵者を幕府がいつまでもいち代官で置いておくはずがなかった。1843年（天保14）年には43歳の若さで若年寄格に昇格。ペリー来航のときには全国でも珍しい老

※⑥台場
現在もお台場で砲台跡が確認できる。行き当たりばったりで配置しているのではなく、敵艦が江戸湾に侵攻した際の予想進路に基づいた配備となっている。

中直属の代官として、海防への知識を買われて勘定吟味役格と同時に海防掛にも任じられている。ところが、前述のような先駆的な政策に手を出し過ぎたのか、あまりの激務に体が耐えられず1855（安政2）年、55歳にしてこの世を去った。

技術開発にのみ血道を上げていたのではなく、二宮尊徳を招聘して農地の改良を行ったり、種痘の技術が伝わると領民への摂取を推進するなど、民思いの面もあったことから領民は彼を「世直し江川大明神」と読んで敬慕していたという。

英龍の作った韮山の反射炉

●大地震で庶民を救った英雄

1854（嘉永7・安政元）年に日本を襲った、未曾有の大地震、「安政の東南海地震[※⑦]」。

この時に、いち早い救援活動を指揮して多くの人命を救ったのが代官・林鉄蔵だ。この地震、静岡の浜松沖が震源と推定され、マグニチュード8・4と試算されている大規模なもの。11月4日の「東南海地震」だけではなく、近畿地方から四国地方を襲った翌日の「南海地震」も大規模で、太平洋岸は数日間、大きな余震に悩まされる。

※⑦安政の東南海地震　紀伊半島沖から遠州灘にかけての海域で周期的に発生する巨大地震。マグニチュードは8・0にまで達する。100〜150年周期で発生し、最近は1944年に起こった。

ペリー来航に合わせて遠江・中泉代官に任じられた林は、手代に禁酒を申し付けたり、さまざまな付け届けは一切断るという厳格な性格。しかしお役目を手伝ってくれた漁民が蛇に噛まれるとお見舞金を渡したりするなど人情に厚く[※⑧]、厳しいながらも手代や領民から慕われる代官だった。

その彼が大地震に遭遇すると、倒壊した陣屋に代わる仮小屋を即座に建てさせ、手代とともに領内を巡察。宿場町が全壊したと聞けばすぐに100両を貸し出し、近隣の旗本領に救援米25俵を用立てさせる。見て回る村々で復興費用50両を貸し出し、同時に救援米を提供。冬が迫ってくると老人たちの防寒対策に綿を支給して歩いた。

本来、こうした救援物資の提供には幕府の許可が必要だったが、緊急事態だからと独断で素早い救援活動。この姿勢に共感した地元の資産家たちが、積極的な支援を申し出たほどだ。このときに、将来の有事に使える備蓄をすることになり、専用の倉が作られた。それは後任の代官に受け継がれ、やがてそれを資金として中学校が建てられた。

●時代劇でおなじみの「奉行所」「御奉行様」その後

幕末に生きた名代官たちの生涯を見てきたが、他の「町奉行」や「同心」たちはどのような幕末を生きたのだろうか。

時代劇の中では「お奉行様」といえばヒーローが持つ肩書きだ。特にお馴染みなのは町

※⑧人情に厚く
林は早くに妻を亡くし、老母と遺児3人の面倒を見なければならなかったという。人の痛みが分かる人物なのだ。

奉行だろう。『大岡越前』の大岡忠相は南町奉行、『遠山の金さん』の遠山左衛門尉景元は北町・南町双方の奉行を務めた。

しかし、実はこの町奉行、代官と違って時代が下るほど腐敗が進行していった役所、役職なのだ。史料によれば大岡忠相はともかく、遠山金四郎に関しては虚像※⑨が定着した偽ヒーローといって差し支えない。

もともと奉行所の仕組みは、奉行配下の与力が実質的に現場を指揮する仕組みになっていた。その与力は補佐の同心（彼らが『八丁堀の七人』のメインキャスト）を頼った。しかし、その同心は同心で街でかき集めた岡っ引きに任せっきり。岡っ引きはさらに下っ端の「下っ引き」を従え……という具合だったから腐敗が進むのは当然。

幕末期には、打ち壊しの犯人たちが逃げた後に、残った野次馬を同心や岡っ引きがしょっ引こうとして町民の反感を買うという、お粗末な警察機構に堕落※⑩していた。

御奉行様がすることと言えば、奉行同士が顔を並べて、与力が持ち込んだ案件の最終評決を雑談しながら下すことぐらい。「人の運命を雑談ついでに決める」と酷評したのは、評定所に務めた経験もある、前出の代官・林鉄蔵だった。

こうした代官やお奉行を含め、主だった幕臣たちは、大政奉還に伴う徳川家の処分に伴って静岡県に移り住むことになる。というのも、転封で大幅な収入源となった静岡藩（旧幕府）は、家臣たちにリストラを言い渡したのだが、新社会になじめず帰藩する者が

※⑨虚像
彼がドラマのような「名裁き」をしたという記録は残っていない。そもそも刺青をした人間が奉行になれるのか、大いに疑問である。

※⑩堕落
ちなみに、大塩平八郎が1837年に起こした「大塩平八郎の乱」は大坂町奉行の腐敗に怒って計画されたものである。

続出したのだ。

明治3年時点で、石高から5000人が限度と言われたキャパシティを軽く超える1万3700人あまりの家臣を抱えていた。だから静岡藩としては、一人ひとりのギャラを低くする必要が出る。例えば1300石の旗本は収入が1・5%にダウンするというあり得ない境遇を提示するのだが、ほかに行き場がないから文句を言えず薄給に甘んじる※⑪旧幕臣は多かった。

また新政府に仕官した者も、苦しい立場に置かれた。能力を買われて一本釣りされた榎本武揚などの著名人は別として、薩長閥が幅を利かせる新政府で冷や飯食らいを強いられたのだ。町の商人からは「裏切り者」「変節者」として軽蔑され物を売ってもらえず、元同僚からは白い目で見られる、などの差別に耐える生活を余儀なくされた。

「幕臣たるもの、いかなる境遇になろうとも旧主と一蓮托生」と考えた者もいただろうが、多くはこういった現実を目の当たりにして離れたくても離れられなくなった、というのが実情なのだろう。

---

⑪薄給に甘んじる
明治維新後、生活のために慣れない商売に手を出した士族は多かったが、そうした人々は「士族の商売」と揶揄された。

幕末の逸話 其の27

【官軍と幕軍の板挟みになって……】

阿鼻叫喚の地獄を見た秘湯の地

●誰に対しても従順な態度に疑いをかけられた

よく明治維新は「無血革命」などと呼ばれる。ルイ16世がギロチンにかけられたフランス革命、ニコライ2世が処刑されたロシア革命などと違って、明治維新は徳川慶喜をはじめとする旧体制の被害が少なかったことから、こう言われるのだろうが、それはあくまでも指導者たちの話だ。いつの世も、戦争が起きれば悲惨な目に遭うのは名も無き庶民であって、それは明治維新においても決して例外ではなかった。

1868（慶応4）年からはじまった、幕末の最終局面、戊辰戦争において最も身の振り方に悩んだのが北関東の人々ではないだろうか。北には幕府側の「奥羽越列藩同盟」※①が控え、味方になることを要請される。南や東からは新政府側の「征討総督府」が差し向けた征討軍がどんどん圧力をかけてくる。

※①奥羽越列藩同盟
戊辰戦争時に明治新政府に対抗して結ばれた奥羽・北越諸藩の同盟。最盛時には31藩もの藩が加盟していたが敗北・脱落が相次ぎ、結局は4カ月で崩壊した。

三斗小屋から名山・茶臼山を望む。（写真提供：毎日新聞社）

南関東は両勢力が接する最前線になっていたから、どっちつかずのコウモリにはなりにくいし、かといってどちらか一方に肩入れするのもリスクが大きい。どう転んでも戦乱は避けられそうにない、悩ましい地域だったのだ。

「三斗小屋の惨劇」はそんな中で起きた。

歴史ある〝秘湯の地〟として温泉好きには知られる「三斗小屋温泉」。栃木県の那須地方にあり、1142年に発見されたというからすでに900年近い歴史を誇る。日本百名山のひとつ・茶臼岳の北西にあって、徒歩でなければ辿り着けない秘境の地※②に湧いている温泉だ。

本来であれば争いとは無縁のはずの土地であったが、戊辰戦争では幕府軍と新政府軍の軍事的境界線が引かれてしまった。

※②秘境の地
江戸時代には「那須七湯」の一角として知られた。現在、旅館は2軒。訪ねるにはトレッキングの装備が必須だ。

三斗小屋の住民たちは、右往左往しながらも、いつかは去るであろう戦乱に健気に対処した。

武力に訴えられては敵わないから、相手が新政府側だろうと、幕府側だろうと従ったのだ。しかし、5月の上旬、この従順な態度が裏目に出てしまった。

はじめ、村には幕府側の会津藩が駐屯し、彼らが撤退した後に新政府側の黒羽藩がやってきた。三斗村の人々は会津藩がいる間は言われるがままに人手や食糧を差し出し、黒羽藩にも同様に恭順の意を示したのだが、ここからが悲劇の始まりだった。

黒羽藩の兵が、幕府側に使役された者たちを徹底的に取り調べ始めたのである。

●体中を刺し貫かれて……

藩兵たちも極限状態に置かれて疑心暗鬼になってしまったのだろう。哀れなのは、その矛先を向けられた村人たちである。さっそく名主の月井源右エ門が捕らえられた。

大金善左エ門という人物の家に上がり込むと、源右エ門を裸にむき柱に縛り付けた。そして囲炉裏に火を炊くと、藩兵各々が串を作り始めたではないか。

何をするのかと思いきや、源右エ門の皮を剥ぎ、股の肉を削って串に刺す。彼らはそれを炙って食べたのである。極悪非道の所業と言う他ない。これだけでは飽きたらず、串で焼いた肉を源右エ門の口に押し込み「自分の肉を食ってみろ！」※③と言い放つ。

※③肉を食ってみろ！　信じ難い残虐性だが、幕末期に食人（カニバリズム）の記録が残っているのは事実である。日露戦争の英雄、野津道貫は「若い頃は処刑者が出ると聞いたら飛んでいって、死体から生肝を取り出して食べたものだ」と語ったという。

源右エ門の悲鳴はあたりに響き渡り、聞くも無惨な有様であったという。

藩兵たちの蛮行は留まるところを知らなかった。瀕死の源右エ門を縄でぐるぐる巻きにすると外へ引っ立てて転がし、砂利の上を引き摺り回したのである。さらに最後は若い兵が集まってきて彼の耳を削ぎ、鼻を剥いた。やがて無惨にも源右エ門は失血死してしまったのである。この悲劇は逃げ遅れた村の老人によって目撃されていた。

老人等之れを見て、恐怖悚慄極まりなかりしと。

事の顛末を後世に伝えるのは、三斗小屋を含む高林村の小学校校長・田代音吉が明治44年にまとめた『三斗小屋誌』。臨時教育のために三斗小屋に滞在し、これらの体験を後世に残すことを思い立ち、休日の度に村の古老にインタビュー※④を重ねて完成させた力作だ。

この『三斗小屋誌』、実は4つものバージョンがあり、原本はよく分からない。前述の事件はこのうち2つで確認できるのだが、なんとバージョンによって源右エ門殺害の下手人が異なっている。黒磯市立図書館が所蔵しているものでは会津藩兵が犯人ということになっているのだが、田代家の保管分では新政府側の黒羽藩の犯行とされているのだ。

一体、いつ、誰がこのような改ざんを加えたのかは定かではないが、源右エ門が無惨な殺され方をしたことだけは事実のようだ。

※④インタビュー
地道な取材を続けるうち、音吉は何足もの靴を履き潰してしまったという。脱稿までは1年余を費やした。

●悲劇は終わらない

『三斗小屋誌』が伝える被害はこれだけではない。

三斗小屋大黒屋の高根澤文五郎という人物は、最初に来た幕府軍に言われるまま、軍夫として使役させられた。ところが彼らが撤退し、新政府軍が到着するとその旨を追及され捕らわれてしまう。そして畑に引っ立てられ一斉射撃の的となって無惨な死を遂げた。

もちろん奪われたのは命だけではない。新政府側の黒羽藩は財産という財産を収奪していったようだ。

三斗小屋は元より黒羽の領地たり。然るを如何なる心よりか、人民の金銀衣類を略奪し、家屋倉庫を占領し、以て分捕と名記せり。現に焼け残りある越後屋と称する板蔵の扉に、黒羽分捕と大書しあり。

敵地に攻め込もうというのではなく、元々黒羽藩の領地であったのにもかかわらず「黒羽分捕[※⑤]」と奪った後の倉庫に書き残した、というのだ。

そして魔の手は三斗小屋の住人たちにとどまらず、通りかかった者にまで及んだ。

会津長野の農民、大竹忠兵衛はたまたま用があって三斗小屋を訪れた。すると「会津人ということは幕府側のスパイだろう」と、またもスパイ疑惑を被せてこれを捕縛。裸にし

※⑤分捕
もともとは戦場で敵の首を取り、身につけていた装備品を分捕ること。

て縛り上げ、石造りの街道を引きずる。さらに血まみれになった忠兵衛を、高い木の枝に吊るし上げる。彼はたまらず「斬れ！」と叫ぶが、その願いすら聞き届けられることはなかった。2人の兵が忠兵衛の足を片足ずつ持ち、力任せに引っ張ったのだ。忠兵衛はあまりの痛みに泣くこともできず、ただただ「痛恨の息を発せしのみ」であったという。そして最期は、両手足の指を切り落とし、死に至らしめた。

これほどの惨劇を引き起こした黒羽藩は、どういった咎めを受けたのだろうか。

実は咎めを受けるどころか、恩賞を授かっているのだ。

というのも、黒羽藩は第三章[※⑥]でも取り上げたように、15代藩主の大関増裕の迅速な藩政改革のおかげで軍備が充実しており、戊辰戦争では小藩ながら大活躍した。その功で16代増勤は賞典禄（恩賞）として1万5000石を獲得。ついには子爵を賜るまでになる。一方で配下たちが引き起こした「三斗小屋の惨劇」は長らく陽の目を見ることなく、前述の田代音吉によって、ようやく記されることになる。文中の、

大関子爵の臣家にも斯るものありしとは、実に遺憾の至りなり

という言葉には、強い皮肉と共に、戊辰戦争に巻き込まれた名も無き民たちへの深い憐憫の情が読み取れないだろうか。

※⑥第三章 106ページ参照。

幕末の逸話　其の28

【北海道伊達市、地名の由来はやっぱり……】

日本のラストフロンティア・北海道

●伊達氏が移り住んで「伊達」の地名をつけた

福島県に「伊達市」という地名が誕生したのは2006（平成18）年のことだ。いわゆる「21世紀の市町村合併」で伊達町、梁川町、保原町、霊山町、月舘町が合併して生まれた。その名の通り、郷土の英雄・伊達政宗の先祖たちが一時期本拠地としたこともある由緒正しい土地である。

その伊達市、なぜか報道機関で紹介される際には「福島伊達市」と呼称される。というのも日本にはもうひとつ「伊達市」が存在しているからだ。その伊達市とは「北海道伊達市」。北海道南西部にあって内浦湾に面し、道内にしては比較的暖かいその気候から〝北の湘南〟と称される場所だ。

なぜ2つの伊達市が存在するのか……？※①　ピンと来た方は正解。実はここ、明治初期に

※①2つの伊達市
実は日本には、伊達市の他にも同じ名前を持つ市が2つ存在する。ひとつは東京の真ん中の府中市、もうひとつは広島の府中市である。国は一応「同名の市が複数あるのは望ましくない」としているが、両市の発足がほぼ同時であったため、例外が認められている。

明治期の札幌の農民たち

福島の伊達家ゆかりの人々が入植し、開拓したところなのだ。

戦国時代、東北に覇を唱えた伊達政宗を祖とする仙台藩。戊辰戦争でも奥羽越列藩同盟の首領として存在感を見せたが、降伏後は例によって困窮を余儀なくされる。

伊達氏の一族で、亘理《わたり》地方を任されていた伊達邦成※②も、約2万4000石の領地をわずか58石に減らされてしまう。

これでは大勢の家臣団を食べさせていくことができない。そこで彼らが光明を見出したのが「日本のラストフロンティア」、北海道の開拓であった。

1872（明治3）年3月、邦成は220人の移民と共に新天地に降り立った。この際に重臣たちと定めた方針の中に「戸主の単独移住を禁ず」というものがある。

※②伊達邦茂
（1841〜1904）
伊達家の一門・亘理伊達家の14代目当主。戊辰戦争では藩主・慶邦の命により和平交渉を担当。維新後は家臣団による北海道開拓を成功させ、勲四等瑞宝章を受勲し、男爵となった。

これは、あまりの辛さに耐えかねた者が家族のもとに逃亡しないように決めたもの。「移り住むならば家族もろとも、北海道に骨を埋める覚悟で」という、不退転の決意が窺える約定である。途中で困窮することはあったものの、入植は9回にわたって行われ、計2681人が移住。邦成はこの功で男爵に任じられ、土地は当然「伊達市」と名付けられたのだった。

●当時の北海道は「ラスト・フロンティア」

当時の北海道は「蝦夷地」と呼ばれていた。江戸時代を通じて蝦夷地に置かれた藩は、今の函館に近い土地を所領とする松前藩しかなく、ほとんどの土地は、アイヌ人がそれまでと同じように生活していた。そしてアイヌ人とは松前藩を窓口として交易があり、北海道の特産物はこのルートを通じて大坂から江戸にもたらされた。今でも日高昆布が有名だが、その昆布などは当時から蝦夷地の特産品として評価されており、ほかにも甲殻類や魚類などの海産物は、良品・珍品が多かったから、道産は重宝されていた。

このように、江戸時代の日本では北海道が領土として捉えられていたわけではなかったが、ロシア船が頻繁に姿を見せるようになると、国防上の観点からも無視できない存在になっていく。探検家の間宮林蔵※③が蝦夷地でロシア帝国の動きを探ったり、伊能忠敬※④が全国を歩いて日本地図を作ることになるのは、こうした動きの延長線上にある。

※③間宮林蔵（1780〜1844）
蝦夷地御用掛となって伊能忠敬に会い、測量術を学ぶ。実は幕府の隠密であり、様々な諜報活動に従事する。シーボルト事件の密告者だとされる。

※④伊能忠敬（1745〜1818）
測量家。伊能家に養子に入り、50歳で隠居。天文学を修めたのち、幕府の許可を得て測量の旅に出る。実測に基づく日本地図「大日本沿海輿地全図」の作成中に死去。

やがて幕末維新期になると、広大な土地を持ち、豊富な自然の贈り物に恵まれた蝦夷地は「魅力的な開拓地」としても認識されるようになる。豊富な資源を採り、それを売れば大きな事業になるし気候環境は厳しいものの、住む場所には事欠かない。農地だって開墾できるところは開墾し尽くした本土と違って、いくらでも広げ、増産することができる。

幕臣・榎本武揚が箱館で共和国を樹立しようとしたのも、行き場を失った幕臣を移住させて開拓すれば食い扶持が得られるという計算があってのことだった。職を失う幕臣の数は相当なもので、静岡藩単独では養いきれないのは目に見えていた。第三章でも紹介したが、リストラされても、薄給でもいいからと静岡に舞い戻る幕臣は多かったのだ。

明治に入ると、「北海道開拓使」という役所がわざわざ設立されて、北海道開拓は官主導で本格化する。その初代長官は、榎本の助命を嘆願した黒田清隆だった。

とはいえ、戊辰戦争が終結したばかりの明治政府に、北海道を開拓する財政的な余裕などまったくなかった。仕方なく、9大藩※⑤に蝦夷地を分割統治させることをきめたが、南国の藩が多い9大藩は次々に支配地を「返上」。

結局士族移民のなかで多大な成果を上げたのは維新の動乱で心ならずも朝敵となり、苦境に陥っていた邦成のような東北諸藩の者たちであった。崖っぷちの彼らが見せた〝火事場の馬鹿力〟が北海道開拓の鋒矢となったのである。地名に残る「2つの伊達市」はそんな彼らのフロンティア精神を今に伝えている。

※⑤9大藩
金沢、鹿児島、静岡、名古屋、和歌山、熊本、広島、福岡、山口の9藩。見るからに北海道開拓に不向きな面々である。

幕末の逸話 其の29

【意外に冷たい追悼施設】

旧幕軍は一切いない靖国神社

●「靖国神社」の前身「東京招魂社」

毎年8月15日になると、閣僚が公式に参拝するとかしないとか、私的参拝の是非はどうした、などといったニュースが流れる靖国神社。ここには東京裁判において太平洋戦争時の戦争犯罪人とされた人物も合祀されているから「人道的犯罪を犯した者を神として祀るとは何事か！」という中国・韓国などの反発もあって国際問題として取り上げられる。いわゆる「靖国問題」というやつだ。

もっとも、かつては「靖国問題」など存在せず、終戦から30年近くが過ぎ、中曽根康弘首相が例年のように参拝したとき、これを問題視する某メディアの大々的なキャンペーン記事から火の手が上がり、外交問題として定着してしまったのだ。

そんな靖国神社が創建されたのは１８６９（明治２）年。もともとは「東京招魂社」と

靖国神社の本殿

いう名前で、設立を建言したのは「手術ができない」[※①]ことでお馴染みの大村益次郎。

暗殺[※②]された彼もまた、「殉死者」として靖国神社に祀られている。ちなみに維新元勲たちの多くは「殉死」ではなく畳の上で生涯を全うしたから、合祀対象ではない。

「東京招魂社」が創建された理由は、改元後間もないころから、全国各地で慰霊のために創られていた「招魂社」の総本山となるような神社を東京に創ろう、というものだった。

「東京招魂社」で第1回の「招魂祭」が開かれたのは6月29日。合祀の対象は「戊辰戦争の新政府軍戦没者」で、3588人が祀られた。

そして、それ以降、今にいたるまで「尊皇」による「国難従事者」と認定された一

※①手術ができない
48ページ参照。

※②暗殺された
ただし1909年、ハルビン駅頭で韓国の民族活動家・安重根に暗殺された伊藤博文は合祀されず。

部以外、旧幕府軍関係者はひとりとして祀られていないのだ。東京招魂社で年に4回あった「例大祭」※③も、みんな戊辰戦争に関わるものだった。

1月3日　鳥羽伏見の戦い集結
5月15日　上野戦争終結
9月22日　会津降伏
5月18日　箱館降伏

これらが記念日として取り上げられていることからも、まさしく「新政府の、新政府による、新政府のための」神社だったことがわかる。

年を経るにつれて、合祀者の基準が「国のために殉死した人」に変わっていくのだが、それでも旧幕府勢力の戦死者は、合祀されることはなかった。彼らもそれぞれに日本のあるべき姿を志向して戦い、命を落としたはずなのだが、あくまでも「朝敵」であり「皇室に弓を引いた者たち」というレッテルが張られたままになっているのだ。

●靖国神社に祀られている人、いない人

「官軍」か「朝敵」かで合祀が決まるわけだが、その場合判断が難しい大物が西郷隆盛だ。

※③例大祭
神社で毎年行われる祭祀のうち、最も重要なもの。その神社に特に由緒がある日に行われ、みだりに変更することは許されない。

「維新三傑」のひとりと称されるように、明治維新の原動力として奮闘した彼も、その最期は「朝敵」※④となって武力反乱を起こした末に切腹するというものだった。この評価が難しく、新政府の中からも西郷を擁護する意見は多く出されたのだが、最終的には合祀が見送られて現在に至る。

また、維新を前にこの世を去った志士たちも、後に合祀対象となった。1883（明治16）年の第13回合祀で、土佐勤王党のメンバーたちが合祀対象として認定されたところから、数回にわたって大量合祀が実現。一気に「祭神」が増えていくことになる。

土佐勤王党系の合祀者として含まれるのは、武市瑞山をはじめ、坂本龍馬や中岡慎太郎など。最終的に〝落選〟したのは武市の忠実な部下だった岡田以蔵だ。刺青を入れていたとか、藩主による逮捕後に、簡単に口を割って勤王党のメンバーを死に追いやったなどの点が大きなマイナスポイントになってしまった。同じく「人斬り」として名を馳せた桐野利秋なども、ニックネームのイメージから〝落選〟している。

また、井伊直弼を討ち果たした水戸藩の勤皇浪士など、幕府側と思われても「勤皇」の意志や働きが明確だった人は、合祀対象に含まれていく。

明治20年代は大量合祀が実現した時期なのだが、「殉難者」の選定基準は、明確とは言い難かった。当然、合祀漏れに対するクレームも続発していた。誰が神で、誰が神でないのか。結局、人間が恣意的に決めているのだから、昔も今もめているというわけだ。

※④朝敵
ただし、戊辰戦争では朝敵とされた会津藩の中からも、禁門の変で戦死した者たちは「朝廷を守護した」として合祀されている。ところがこの戦いで「朝敵」として会津藩と戦って自刃した長州藩士、久坂玄瑞は合祀されているのだ。複雑極まりない。

幕末の逸話 其の30

【御一新で喜んだのは誰？】
日本人は維新を歓迎したのか？

●「新政府の徳政はウソっぱち」という歌が流行した？

一般的なイメージでは、庶民から過酷な収奪を行ない「農民は生かさず殺さず」といった政策を敷いたのが江戸幕府で、それを打倒した新政府が近代的で平等な社会を徐々に作り上げていった、とされている。そして、その社会の到来は広く民衆から受け入れられ、歓迎されたかのように語られている。

しかし、本当にそうだったのだろうか？　実際の同時代人、特に江戸っ子たちの反応を見てみたい。明治20年頃、東京の深川※①で流行した俗謡がある。

一つとや、人は知らぬと思おうが思おうが、新政厚徳、みんな嘘、みんな嘘

※①深川
東京の江東区西部にあたる。江戸の塵芥を集めて干拓した地。材木集散地として繁栄、活況を呈した。

「西郷星」をながめる市民たち

「新政府の政治には徳がある、というのはウソっぱちだ」というのだ。

江戸改め東京ではこの頃、西南戦争で散った西郷隆盛の人気が高まりを見せていた。幕末期はゲリラ活動を水面下※②で指揮して街を破壊、最後には直接攻撃にまで及ぼうとした大敵だった西郷。

しかし維新後、間もなくして「征韓論争」に敗れて下野するという政治的苦境に立たされたことで、新政府嫌いの江戸っ子から同情を集めることになる。おまけに西南戦争で非業の死を遂げたものだから、東京で大人気となったのだ。

当時の西郷の人気を示すエピソードがある。

1877（明治10）年、折しも西南戦争が終結しようかというとき、ちょうど火星が地球に大接近した。再接近時の9月3日には天上に煌々と明るい星が輝いていた。当時の庶民たちは、それが火星だとは知る由もない。

庶民たちの間では「急に出現した明るい光の中に、陸軍大将の正装をした西郷隆盛の姿が見えた。あれは西郷星※③だ」という噂が流れたのだ。

※②水面下で指揮
39ページ参照。

※③西郷星
ちなみに、この時に火星の近くに位置していた土星も、最後まで西郷に付き従った薩摩藩士・桐野利秋に因んで「桐野星」と呼ばれた。

そして、今でもアザラシやパンダに便乗する商法があるように、西郷星にも便乗する業者が次々と現れ、様々な種類の錦絵が売り出されて人気を博したという。

●積立金を公共事業に流用！

東京で新政府が嫌悪された理由は、ほかにもいくつかある。

戊辰戦争の終盤、上野戦争において早々に戦闘を終わらせたいがために、本来は攻城・海戦で用いるアームストロング砲を（軍資金の枯渇という非常事態があったものの）野戦に投入するという、味方もドン引きの戦術を採用。戦場をぺんぺん草も生えないほど木っ端微塵にしてしまうことを承知の上での砲撃だったから、江戸っ子たちは眉をひそめた。

他にもまだある。

江戸時代にあった「七分積金」という制度をご存知だろうか。１７９０（寛政２）年、いわゆる寛政の改革の一環として老中・松平定信が導入した仕組みで、圧縮させた町費の７割を非常時の出費や福祉目的に積み立てていくというもの。利用して減るたびに補充されていたので、相当な金額であった。

新政府の井上馨※④はこの資金を巧妙に東京府の管理下に置き換えたうえで、政府が進めていた銀座煉瓦街建設費用などに流用。町内会の資産を政府がネコババしたのだ。

「インフラや都市機構が整備されれば市民の生活レベルは向上する。だから福祉に使うと

※④井上馨（１８３５〜１９１５）
長州藩士。伊藤博文とイギリスに密航。維新後は大蔵大輔などを務める。一時退官するも復帰し、外相として日朝修好条規など重要な条約締結に立ち会う。維新を知る元老として長らく影響力を持った。

銀座煉瓦街。当初は煉瓦の品質も非常に劣悪だった。

いう目的そのものは同じ」

まるで東日本大震災の復興予算を流用した政治家のような言い訳である。江戸っ子たちは建設予定地から追い出され、できあがった煉瓦街の恩恵をうけられないばかりか、実はこの煉瓦街の寿命も短いものだった。

こんなことのために、自分たちが困ったときに備えてコツコツと貯めてきた資金が使われたのだ。

その見返りが何もなかったのだから、不満がたまるのも無理はない。

●徳川家を称えるイベントが開催される

こうした江戸っ子の不満と、明治維新で没落した旧幕臣たちの意地が結実した出来事があった。それが、「東京開市３００年イベント」だ。

大っぴらに謳っていないものの、300年時を遡れば江戸時代なのだから、これは明らかに「徳川家康入府300周年」※⑤を祝ったものだった。

明治22年の開催だから、ちょうど先に紹介した俗謡が流行した時期と重なる。

開催日は、旧暦の8月1日（八朔＝家康が入府したとされる日で幕府時代の記念日）。会場は上野公園（もとは上野戦争の舞台となった寛永寺の寺域）。

招待されていた黒田清隆首相が入場を断念したほどの人出で賑わい、3500人が列席した立食パーティーでは、もはや隠すことなく「徳川バンザイ」という大歓声が何回も上がったほどだ。

●「東北は無価値」としてほったらかしにされた

そして新政府軍を嫌っていたのは、江戸っ子たちだけではない。

戊辰戦争において「圧倒的な実力差で旧幕府軍を打ち倒した」という実績が欲しかった新政府軍は、相手方の降伏恭順を拒否したり、兵士たちが略奪（統制が取れていないケースもあったが、新政府軍首脳が黙認しているケースもあった）したりすることがたびたびあったからだ。

おかげで無駄な戦火が拡大し、新たな犠牲者が生むことになった。

※⑤徳川家康入府
1590年、後北条氏が豊臣秀吉に滅ぼされた後、家康は慣れ親しんだ三河から関東に移封された。

丹波亀山（京都府）城主の松平信正もそうだった。当初は幕府軍に付いていたものの、形勢判断から新政府軍に鞍替えしたところ、恭順の意を示したのにもかかわらず砲撃を見舞われたのだ。彼は安政の大獄に関与していた元幕閣だったから、それがマイナス査定となったという見方もある。再度の恭順でようやく赦されて官軍に合流。新政府の当初の根拠地とも言える京都近郊ですらこの有様なのだから、他も推して知るべしだ。

これが東北ともなると、幕府側に付いた藩への迫害はさらに激しさを増す。

特に戊辰戦争最大の激戦区となった会津では、未だに「薩摩」と名の付くものに嫌悪感を表す人がいるほど。というのも、会津藩から見れば、当初は同じ「公武合体派」として長州藩に代表される「攘夷派」を協力して追い落としたのに、気づいてみればその長州藩と裏で手を結んで敵対してきたのだ。

しかも、会津戦争では逃げ遅れたりして生け捕りにされた会津婦女子が、新政府軍に暴行されたという忘れがたい記憶もある。新政府軍兵士による放火や略奪も横行した。城下町は戦乱で焼きつくされて廃墟になり、それを再建する資金のあてもない。

維新後、薩長土肥の人間たちが東北を評して言った言葉がある。

白河[※⑥]以北一山百文

※⑥白河
関所。奥州三関のひとつ。陸奥（青森・岩手・宮城・福島県など）に通じる東山道の要所に置かれた関門。しばしば「ここから北は東北・北海道」という意味合いで用いる。

白河の関より北は、山ひとつでも百文にしかならない、つまり「東北には価値なし」という意味だ。その言葉通りと言うべきか、戦火で焼け野原にされたのに、会津城下の武家屋敷跡地には戊辰戦争後30年経ってもまったく復旧・復興の手が伸ばされなかった。

東北人はこの言葉を忘れることなく、今でも全国的なスポーツ大会などで東北勢が優勝することを「白河の関越え」※⑦と呼ぶほか、東北地方のローカル紙「河北新報」に至っては、この言葉を社名に組み込んでいる。

●「平民」たちも「旧特権階級」も不満たらたら

このように、御一新を成し遂げた薩長新政府は、全国的な歓喜の声で迎えられていたわけではない。士族たちが自分たちの特権を奪われ、生きる道まで閉ざされてしまったために各地で反乱を起こしたのが良い例だ。維新の原動力となった西南雄藩「薩長土肥」のうち、薩摩藩では最大の士族反乱とされる西南戦争が、肥前藩でも佐賀の乱が起きていることからも、当時の士族の心情が推し量れる。

農民や商人といった庶民からも、徴兵制導入をめぐる「血税一揆」※⑧に見られるように大きな反発を招いていた。

つまり「平民」としてくくられた人口の大多数は、不平不満でいっぱいだったのだ。おかげで明治初期は、一揆や打ち壊しも多発していた。実は江戸期には農民一揆はあまり起

※⑦白河の関越え
主に高校野球の全国大会で東北勢が優勝し、優勝旗が白河の関を越えることを指す。実は約100年にわたる高校野球の歴史の中で、一度も果たされたことがない。東北勢の悲願といえる。

※⑧血税一揆
1873年頃から「徴兵反対」を掲げて発生した一揆。しばしば「血税」という文言を「血を取られる」と誤解したため蜂起した、と伝えられるが、これは実態を誇張したものであり、厳然たる反新政府一揆である。

こっていない。江戸時代後期に入って度重なる飢饉や経済不安を理由に打ち壊しなどが発生するようになっていたに過ぎない。

治安も悪化して、経済的には急激なインフレと次々に導入される新しい税制で散々。そうした維新による「負のイメージ」の方が、「平民」にとっては大きく感じられた。徴兵制にしても、今までは武士が請け負っていた戦争を、どうして庶民の我々が……という思いにしかならなかったはずだ。

商人は、これまでの商いの道が閉ざされて、新興の商人に立場や権益を取って代わられた。一部の新政府と組んでガッポリ儲ける政商以外は、商売上がったりだった。

「解放令」※⑨で解放されたはずの被差別階級も、法律の割に大して変わらない待遇にガッカリ。旧来の特権階級である大名や、五摂家を筆頭とする上級公家も、事情は一緒だ。特権を剥奪される一方で、その見返りはほとんどなし。与えられたのはわずかばかりの名誉だけ。ちっとも、いいことなんてない……。

新政府の中核を担う人材や、その出身地の者たち以外の大多数は、こんな思いを胸に秘めて「御一新」の行く末に身を委ねていたのだ。

※⑨解放令
1871年に出された布告で穢多・非人などの差別的呼称を廃し、身分・職業とも平民同様と定められた。

第五章
維新史に埋もれた偉人たち

幕末の逸話 其の31

【祖国を捨てて日本を取ったジュール・ブリュネ】

ラスト・サムライは実在した！

●国を捨て、武士のように幕府への忠節を貫いた外国人がいた？

2003年に公開されたハリウッド映画『ラスト・サムライ』。お雇い外国人として明治時代にやってきたトム・クルーズ[※①]扮するネイサン・オールグレンが、渡辺謙演じる不平士族の頭目・勝元に魅了され、やがて自身も甲冑に身を包み日本刀を携えて明治政府に闘いを挑む――という、シナリオだけ見れば「なんじゃ、そりゃ?」という作品である。

しかし、驚くなかれ、ラスト・サムライには実在のモデルがいたのである。

開国したばかりの幕末日本は、欧米列強から見れば未開の市場、開拓すべきフロンティアだった。各国は競って幕府や雄藩とお近付きになろうとするわけだが、特に幕閣と密接な関係を築いたのは、軍制・法制のお手本としたフランスだった。

一方で、世界に冠たるイギリスは薩英戦争を通じて薩摩藩と接近、フランスと静かに火

※①トム・クルーズ（1962〜）言わずと知れたハリウッドの大物俳優。1986年公開の『トップガン』で一躍トップスターに。新興宗教・サイエントロジーの熱心な支持者としての顔を持つかと思えば、たびたび来日する親日家としての面もあるなど、何かと話題に事欠かない俳優である。

花を散らしていた。1866（慶応2）年、第二次長州征伐に大敗した幕府は、小栗忠順を中心として軍制の近代化に乗り出す。頼ったのはもちろんフランスで、巨額の借款を申し込み、さらに軍事顧問団を日本に招聘。そのメンバーのひとりが顧問団副団長のジュール・ブリュネ。

弱冠28歳だったが、メキシコ戦争で活躍、24歳でフランス国内で最高位の勲章を授与されている陸軍の超がつくエリートであった。そんな人材を投入してくるのだから、フランスの本気度が窺える。それも当然、フランスは幕府が倒れれば権益を失ってしまう。フランスもマジなら、受け入れる幕府もマジ。ブリュネが来日したときの階級は砲兵大尉だったが、幕府から支払われるギャラは月給350ドルと年齢や肩書きと比して破格だった。

ジュール・ブリュネ

ブリュネたち軍事顧問団は、横浜太田陣屋にて幕府伝習隊を1年以上かけて訓練した。この時、共に訓練に当たったのが、後に新政府で要職を務める大鳥圭介だった。

さて、鳥羽伏見の戦いが始まると、ブリュネは教え子である伝習隊[※②]を率いて参戦しようとするが間に合わず、徳川慶喜が江戸に帰ってくると作戦まで立案して徹底抗戦を主張。このあた

※②伝習隊
ブリュネらフランスから招いた軍事教官たちに直接指導を受けた、幕府陸軍のエリート部隊。戊辰戦争では1000名近い伝習兵が幕府軍の主力を担った。兵士たちは、腕に覚えがあり、なおかつ帯刀にこだわりがない方が話が早いということで、ヤクザなど江戸の街のならず者たちが数多く集められていた。

りは軍事顧問としての責務、あるいは意地だったかもしれない。しかし、あえなく慶喜は大政を奉還。統治機構としての江戸幕府は崩壊してしまった。
この時点で軍事顧問団の仕事は終了である。当然、本国からは召喚命令が出た。

●軍籍を離脱して旧幕府軍に合流！

ところが、イタリア公使館で開かれていた仮装舞踏会の席上、ブリュネは同僚のカズヌーヴ※③と共に突如脱走。幕府軍艦・神速丸に乗り込むと、未だ激戦が続く東北へと出奔してしまうのである。行方をくらませた2か月後、ブリュネはフランス皇帝・ナポレオン3世※④に対して、軍事顧問団の辞表を提出している。一体、彼に何があったと言うのだろうか。

北方の大名が指導者となってくれるように頼んできました。私たちの教え子である日本の仕官や下士官の助けがあれば、同盟軍5万人を指揮することもできます。
フランス公使はじめ同胞の仲間を巻き添えにしないためにも、私は辞表を残して立ち去るべきなのです。

なんと彼は、フランス陸軍士官としての立場を捨てて、教え子たちのため、賊軍となった幕府軍に身を投じたのである。にわかには理解し難い行動だが、ともかくブリュネは箱

※③アンドレ・カズヌーヴ（？～1874）
フランス陸軍帝室種馬飼育場付伍長。クリミア戦争などに従軍後、幕府が招いたフランス軍事顧問団の一員として来日。ナポレオン3世が幕府に贈呈したアラビア馬の軍馬としての活用を任されて飼育調教の責任者になる。維新後、再び日本を訪れ、明治政府にアラビア馬の軍馬としての活用を進言するなどした。

※④ナポレオン3世（1808～1873）
フランスの大統領、後に皇帝。短眠で有名なナポレオン・ボナパルトの甥にあたる。無謀な普仏戦争の結果、プロイセン軍の捕虜となり、おまけにパリでクーデターを起こされ釈放後はイギリスに亡命。

館に到着。箱館政府の総裁・榎本武揚に軍制の整備を申し出る。築城術にも詳しかったブリュネは、陣地構築についても自ら図面を引いて現場を指揮した。

しかし奮戦の甲斐なく、蝦夷共和国軍は敗れ去ってしまう。武揚はブリュネたち外国人義勇軍に脱出を指示。「お前たちまで死ぬことはない」というのである。『ラスト・サムライ』のシナリオそのままの展開だ。

ブリュネは五稜郭を抜け出すことに成功するが、母国フランスからの意向で、すぐさま日本からの国外退去を命じられた。賊軍に加担した自国人がいると、新政府との折衝が面倒になるからだ。帰国したブリュネらは厳しい取り調べを受けた。

しかしフランス国民は彼らに同情的。というのも、先述した辞表が公表され、「ブリュネ同情論」が巻き起こったのである。最後まで自分の責務をまっとうしようとした責任感、友人を助けたいという心意気はフランス人の心を打った。結局、フランス政府は国民が支持する英雄・ブリュネに対して形ばかりの戒告処分を加えただけだった。

そして、日本とブリュネの縁はこれで終わりではなかった。フランス軍籍を回復し、順調に軍歴を重ね、参謀総長にまで出世した彼は日清戦争において日本軍の上陸を支援。明治政府から外国人に授与される勲章としては最高位の「勲二等旭日重光章」[※⑤]を授与された。

もちろん、この贈呈を上奏したのは、明治政府の閣僚となっていた元箱館政府総裁・榎本武揚であった。

※⑤勲二等旭日重光章
勲章のひとつ。国会議員や事務次官、大学の学長や検事長などの経験者が受賞者に多い。ミニチュアのような副章も一緒に贈呈される。2002年の閣議決定で、現在は「勲二等」が除かれている。首相が授与を伝える伝達式を経て、配偶者を伴って天皇に拝謁する。天皇から直接授与される親授ではない。

幕末の逸話 其の32

【ハンサム・ウーマンが唯一恐れたものとは?】

おんな砲兵隊長・新島八重

●女だてらに新政府軍に立ち向かった

2013年のNHK大河ドラマ『八重の桜』の主人公といえば、新島八重である。旧姓は山本。会津藩の砲術家で軍制改革を主導していた山本覚馬※①を兄に持つ女性で、後にキリシタンである新島襄と結婚。彼とともに現在の同志社大学設立に尽力し、晩年は赤十字活動など社会福祉活動に熱心に取り組んだ。日清・日露戦争では、篤志看護婦として戦地に赴いた〝女傑〟である。

そんな妻に対し夫は「ハンサム・ウーマン」とニックネームをつけたが、男女平等をモットーとする彼女の思想は、世間に受け入れられず陰では「悪妻」と囁かれていた。

そんな彼女のもうひとつのニックネームが「会津のジャンヌ・ダルク」だ。幼いときから、女子のたしなみとされたお針稽古よりも鉄砲の稽古を好み、少年兵に砲術を指導。つ

※①山本覚馬(1828~1892)会津藩の砲術家。江戸に出て砲術を学び、勝海舟などの一流知識人たちにも認められていた。新選組の近藤勇は親友。新島八重の実兄で、維新後は京都で政治手腕を振るい、新島襄の同志社設立にも協力した。

いには、戊辰戦争の中でも最大の激戦とされる会津戦争において、戦場の最前線に立っているのだ。

八重は会津戦争が始まると、鳥羽伏見の戦いで戦死した弟・三郎の装束を身に着け、生死不明とされていた兄・覚馬の身代わりにと自ら会津若松城に入城する。城内での呼び名は「三郎さん」。入城間もなく、「邪魔」という理由で断髪までしているから凄まじい。ちなみに、それを手伝ったのが、後に新選組の斎藤一と結婚する高木時尾だった。

本来、入城した女性たちに与えられる役目は食事の手配や負傷兵の看護、弾薬の製造といったものだった。ところが銃の腕前を見込まれた八重は、小銃隊の一員として最新式7連発スペンサー銃※②を担ぎ、戦列に加わった。ついには単身での夜襲を試みようとするほどの猛女ぶりを発揮し、戦争中は2発の弾丸を食らっている。

新島八重

そして新政府軍の総攻撃がはじまって4斤砲が撃ち込まれると、主君・容保の前でその砲弾を分解し、周囲に構造や破裂の仕組みなどを説明までしてみせた。

そんな彼女でも、唯一恐れたものがあった。それは厠（トイレ）。なにも男に囲まれた戦場で、

※②スペンサー銃
19世紀の中頃に開発された、幕末日本における新式銃。7発装填できる。レバーアクションライフルに分類され、有効射程は約200ヤード。アメリカの南北戦争などでも使用されていて、このときに余ったものが日本に輸入されてきた。

女性ひとりでトイレに入ることが怖かったわけではない。用を足しているときに砲撃され、あられもない姿で死体となってしまい、それが衆人の目に晒されることだけを恐れていたのだ。

●八重だけではない「死を覚悟した」女性の強さを見せつけた会津女性たち

実はこの時の会津城には「ハンサム・ウーマン」だけではなく、日本人初の「大卒女性」となった山川捨松もいた。11歳で津田梅子[※③]らと共に官費でアメリカに留学。彼の地で大学を卒業したのだ。後に大山巖[※④]の妻となって「鹿鳴館の華」と称されることになるのだが、会津戦争時はわずか8歳であった。未来の夫・巖は敵方の薩摩藩にあって城に砲弾を送り込んでいたというのだから、不思議な縁である。

八重や捨松のように、城内で悲惨な体験をした女性も多かったが、城外でも悲劇は起こっていた。その代表が、いわゆる「娘子隊」である。この面々は、城内に入るキッカケを失い、やむなく白兵戦を繰り広げた女性だけの戦闘部隊だ。中野竹子・優子姉妹や、神保雪子といった名前が著名だが、彼女たちの死に様は悲惨の一言であった。

城下近くの柳橋で新政府軍と遭遇した娘子隊。手にした薙刀で応戦するが、そのうちに竹子の胸を新政府軍の銃弾が襲った。手にした薙刀には辞世の句が結ばれていたという話

※③津田梅子
（1864〜1929）
言わずと知れた津田塾大学の創始者。幼少期からアメリカで生活したため、逆に日本語が不自由になってしまった。帰国後のある日、道で困って片言の日本語が話せる外国人に手助けされたほど。日記などはすべて英語を使っていた。

※④大山巌
（1842〜1916）
明治期を代表する陸軍元帥。仇名は「ガマ」。西郷隆盛のいとこにあたる。日本帝国陸軍の創設から日露戦争まで長く活躍。幕臣・江川英龍に西洋砲術を学び、西洋大砲を独自に改良した「弥助（幼名にちなむ）砲」も開発。まさか、これで砲弾を雨あられと撃ち込んだ会津若松城に篭っていた捨松を伴侶にすることになろうとは——。

もある。優子は姉に辱めを受けさせないために即座に首を斬り、姉の首級を手に仲間と退く。雪子は奮戦むなしく敵兵に捕らえられ、辱めを受けるよりはと自害した。生き残った娘子隊は鉄砲を持った足軽たちに救出されて場内に逃げることができたが、白虎隊※⑤と同じく特筆されるべき悲劇だったことは間違いない。

娘子隊ではなくても事情は似たようなものだ。政府軍が迫ってくると、城下町の人々は城に殺到したが「足手まといにはならぬ」と自宅で自害する女性も続出していた。ひとつの家に集まり、集団自刃するケースもあった。

せっかく城に来ても入城できない場合は避難を迫られたが、それを潔しとせずに自刃した者も多数いる。そして城下では敵兵に捕まり、暴行され捨てられた女性の死体も転がっていた。

城内に入ることができて、後方支援にあたっていた女性たちも敵からの砲弾が城中に撃ち込まれれば、「焼玉押さえ」という任務を買って出た。濡れた布などを砲弾にかぶせて爆発を防ぐという、非常に危険な任務であり、失敗して爆死する女性も多かった。阿鼻叫喚の地獄絵図の中で、粉塵にまみれた会津女性たちは、「明日は我が身」と死を覚悟して、自刃用の懐剣を忍ばせていた。

そして降伏の日まで、男勝りの活躍を続けていたのだ。

※⑤白虎隊
会津戦争にあたり新しく設置した部隊のひとつ。343名が参加していたと記録される。武家の男子かつ16～17歳のハイティーンという条件を満たした者で組織。本来は予備兵力だったが、事態が切迫したため前線に駆り出される。遠目に見た城下町の火災を城が燃え落ちたと早合点して集団自決した悲劇は、何度もドラマ化されるなど有名な幕末のワンシーン。

【知られざる天才外交官】

開国を導いた傑物・岩瀬忠震

幕末の逸話
其の33

●明治維新への道を開いた「無名」の幕臣

岩瀬忠震《ただなり》は、知名度こそ低いが、幕末期の幕臣の中でも指折りの傑物であった。

彼は旗本の設楽家に生まれ、養子として岩瀬家の家督を継いだ。1854（嘉永7）年、第四章※①でも紹介した阿部正弘にその才を見出され、目付に任じられる。メキメキと頭角を現すと、またたく間に幕政改革の中心人物となる。忠震が創設した講武所、蕃書調所、長崎海軍伝習所といった教育機関は、数多くの人材を輩出する。何を隠そう、勝海舟の人材登用を幕閣に進言したのも彼である。

名声は早くから全国に知られていたようで、直接登用した海舟のみならず、遠く長州の吉田松陰も忠震の影響を受けたと言われている。彼の存在そのものが幕末維新を近付けたと言っても過言ではないのだ。

※①第四章　133ページ参照

とはいえ「で、何がどれくらい凄かったの？」と疑問に思う読者も多かろう。

彼の才気が最も発揮されたのは、アメリカとの開国交渉時においてだろう。

１８５８年、外国奉行にまで出世していた忠震は、井上清直※②と共に対米開国交渉の全権を任されていた。忠震はアメリカ総領事ハリスと顔を合わせるなり、こう切り出した。

「これからあなたと通商条約の協議に入るわけだが、私を含め、我が国には貿易の何たるかを知る者は皆無。あなたは国の命を受けて来たのだから、当然アメリカの利益のために努力することだろう。それを踏まえて尚、私たちはあなたの良識を信じて交渉に臨むつもりだから、日本の利益のことも考えて、公平な見地で応じて欲しい」

いきなりの率直な物言いに驚いたハリスだったが、真っ先に胸襟を開いた忠震の態度に心を打たれ、深く信頼するようになった。もっとも、忠震ほどの人物が「貿易の何たるか」を知らぬわけはなかった。ハリスの日記には、こうある。


井上、岩瀬の諸全権は綿密に逐条の是非を論究して余を閉口せしめることとありき。

つまり名うてのアメリカ人外交官を相手に条約の不備や矛盾を突き、論破して譲歩させたというのだ。人の心を掴む能力があった一方で、こうした舌鋒の鋭さも兼ね備えていたわけだ。ハリスは人を褒めないことで有名であったが、この東洋の「タフ・ネゴシエー

※②井上清直
（１８０９〜１８６８）

幕府の外交官。御家人出身だが、後に旗本に取り立てられる。川路聖謨の実弟。岩瀬忠震とともに全権として日米修好通商条約を調印。安政の大獄で左遷されるが桜田門外の変後に復権。軍艦奉行や南町奉行、関東郡代や北町奉行などを歴任。混乱する江戸の治安回復に奔走した。

天才外交官・岩瀬忠震

ター」には最大級の賛辞を送らざるを得なかったようで、

懸かる全権を得たりしは日本の幸福なりき。

と、書き残している。この3年前にも、忠震は来航したロシアのプチャーチン※③と全権として交渉にあたっており、その任に就いて以降、あらゆる外交交渉には必ず参加している。いかに幕府と列強の外交官たちから信頼を得ていたかが分かるだろう。

●開国への道を開くものの、「安政の大獄」に屈す

「日本を開国させた人物」として真っ先に名前が挙がるのは井伊直弼だろうが、実質的には忠震である。詳しい経緯は第二章※④に譲るとして、当時の日本には「条約勅許」問題が持ち上がっていた。「日米修好通商条約」の締結のためには孝明天皇の勅許が必要だったのだが、当の帝が大の「夷狄嫌い」ときていた。

時の大老・直弼は勅許が得られるまでの時間稼ぎを忠震に命じていたが、開明志向だっ

※③プチャーチン（1803〜1883）名はエフィム。ロシア帝国海軍の軍人。海軍少将だった1842年、イギリスなどのアジア進出に危機感を強めて極東進出を皇帝に進言。1853年に4隻の艦隊で長崎に来航。翌年の安政東海地震で救助活動に当たった姿が幕府に好感を持たれる。後に海軍元帥、教育大臣となる。

※④第二章 56ページ参照。

た忠震は「どうしてもハリスが納得しない場合は調印もやむなし」という言質を得るや、翌日にとっとと日米修好通商条約を締結。その後も立て続けに4か国（ロシア・オランダ・イギリス・フランス）とも条約を結ぶ。忠震が日本の歴史の扉を開いたのだ。

しかし、ここで直弼は忠震を「お役御免」と判断。作事奉行に左遷するだけに留まらず、「安政の大獄」で謹慎を申し渡すのだ。実は彼はもともと直弼の大老就任に反対で、「将軍継嗣問題」においても直弼の推す徳川家茂ではなく、一橋慶喜を評価していた。岩瀬は潔く政界を去り、向島で隠居生活。1861（文久元）年に、ひっそりこの世を去った。

この時代にあって、開明的な考えを持っていた忠震にとって心残りだったのは、その足で外国の地を踏めなかったことだろう。1857（安政4）年、オランダ、ロシアとの交渉で長崎にいた彼は幕府に対し「自分を香港に渡航させてくれ」とする書簡を同僚に送っている。「せめて香港へ、少しの間でも良いから」という文面に、彼の海外渡航への強い思いが感じられる。

忠震の希望は、彼の死の前年、新見正興※⑤を正使とする77人の遣米大使節団という形で叶えられることとなるが、蟄居中の忠震が加われるはずもない。生前、宇和島藩主・伊達宗城に「行くなら私が最初のひとりとなりたい」と語っていたという忠震。さぞや無念だったに違いない……。

※⑤新見正興（1822〜1869）
幕臣。新見家の養子となり、小姓組頭に。1860年には日米修好通商条約批准書交換使節正使として渡米。各地で熱烈な歓迎を受けるが、帰国後は不遇。帰農し、病を得て死去。美男として知られ、大正時代に「白蓮事件」で有名になる柳原白蓮は彼の孫娘にあたる。

幕末の逸話 其の34

米国でアイドルになった日本人

【テーマソングまで作られた！】

●幕府の遣米使節で随一の人気者トミー

１８６０（安政７）年、日米修好通商条約の批准書を交換するため、日本からアメリカに渡った遣米使節。この使節団の中で、行く先々で市民から熱烈な歓待を受け[※①]、アメリカ全土をフィーバーさせたひとりの若者がいた。通訳として同行していた立石斧次郎だ。１８４３（天保14）年生まれの立石は、養父もオランダ語通訳の得十郎。父と共に使節に随行していた。

もともと「日本から使節一行がやってくる」というのは、訪問予定地の市民たちにとっても好奇心をそそられるビッグニュースではあった。とはいえ、この時代だから「野蛮で未開の国の住人が来るらしい。いったい、どんな格好で何をするのか見てやろう」という、見世物小屋に寄せるレベルの好奇心でしかなかったはずだ。

※①熱烈な歓待
ワシントンでの25日間の滞在中、スミソニアン博物館、国会議事堂、ワシントン海軍工廠、アメリカ海軍天文台を次々と訪問するなど、超過密なスケジュールが組まれていた。

ところが、使節団一行が行く先々で見せたのは、整然と隊列をなして行進する姿や毅然とした立ち居振る舞いだった。その姿は想像していた野蛮人のそれとは程遠く、市民たちは日本人に対する考えを改めざるを得なかった。とはいえ珍妙な「チョンマゲ」というヘアスタイルや、いかにも動き辛そうな「羽織袴」というファッションは最後まで理解されなかったようだが……。

そんな一行の中でも、特に注目を集めたのが立石クン。

数えで18歳、使節団の中でも年少だった彼は、上司たちに甲斐甲斐しく付き添う姿や、※②屈託のない笑顔で馬車からハンカチを振って声援に応える様も相まって「キャー！　カワイイ！」と女性たちの黄色い声援を浴びることになったのだ。

トミーのお姿

立石には、幼名に因んで「トミー」※③という愛称がつけられ、みるみるうちにアメリカの女性たちを虜にする国民的アイドルに〝急成長〟。

ある土地の現地新聞では、使節団ではなく立石の1日を伝える連載コーナー「昨夜のトミー」が作られたり、自分の写真をプレゼントして口説こうとする娘が出現したかと思えば、ホテルで出待ちする〝追っかけ〟少女まで現れる始末。

※②屈託のない笑顔
カメラの前では精一杯の威厳を保ち、難しい顔をするというのが幕末のスタイルだったが、非常に珍しいことに斧次郎に限っては満面の笑みで収まった写真が残されている。

※③トミー
斧次郎の幼名は為八。そのため同僚たちは「ため」と呼んでいたのだが、アメリカ人たちには「ため」が「トミー」と聞こえたようだ。

言い寄られるトミー

「ニッコリ笑うと真っ白な歯が輝き、小動物のように細やかに動き、会話を楽しみながら英単語をグングン覚える頭の良さ」

こんな評価を得て、ついには「※④トミー・ポルカ」という楽曲まで作られて、これがヒットしてしまう。

トミーも調子に乗ったのか、記者のインタビューに、

「ゆくゆくはチョンマゲを落として再びアメリカに来たいね。陸海軍どちらかの士官学校に入り、アメリカ女性と結婚したいよ」

などと答えてしまう。たまりかねた遣米使節目付の小栗忠順がマネージャーよろしく、

「軽々しい行動は取らないように」

と注意すると、翌日には、

「トミーは※⑤ブンゴ・オグリにハラキリさせられた」

などと噂になる。そればかりではなく新聞紙面に、

「トミーをいじめるな！」

という猛烈な抗議記事まで……。さすがの小栗も苦笑するしかなかったようだ。

※④トミー・ポルカ
ちなみに歌詞は「通りがかった 人妻も娘も、思わず夢中で取り巻く かわいい男 小さな男 その名はトミー、かしこいトミー、黄色いトミー」……。ん、黄色い？ 現代の価値観から考えれば完全アウトな歌詞だが、当時の人々はトミーの肌の色もチャームポイントのひとつだと考えていたようだ。

※⑤ブンゴ・オグリ
小栗といえば「上野介」として知られるが、当時の官職は豊後守であった。そして使節主要メンバーは現地紙では、苗字と官職名で表記されることが多かった。

ちなみに遣米使節の正使・新見正興は、大奥で知らぬ者はいない超イケメンで、それが選出理由のひとつ（ブサメンよりは好印象を与えられるという配慮か？）だったとも伝わっているが、トミーのような人気を博すことはなかった……。

●アイドル・トミーのその後

上り詰めたアイドルは転落するのが常だが、帰国後のトミーは堅実に仕事をこなした。帰国後は、米田圭次郎と名を改め、通訳のヒュースケン※⑥が暗殺されてしまったハリスの通訳を務めることになった。外国奉行所に勤務し、達者な英文も書き綴った。小栗の失脚に連座することもなく幕臣として幕府に仕える日々を送る。

１８６８（慶応４）年2月には幕府陸軍の歩兵頭並となって、靖共隊も付属する歩兵第７連隊を指揮する立場になる。江戸城無血開城後には江戸を脱出して北関東を転戦し、新政府軍に対抗した。しかし、旧幕第三大隊副長として今市（栃木県）で戦闘中、負傷して戦線を離脱。何とか味方である仙台藩領の塩竈に逃れて、そこから上海へ高飛びする。

ほどなく帰国すると、人材不足に悩んでいた新政府の目に留まり、赦されて仕官することになった。以後は有能な通訳として重宝され、岩倉遣欧使節団にも随行。再びアメリカの地を踏むことになったが、前回のようにアイドル扱いされることはなかった。さらにハワイ移民監督官なども歴任して、１９１７（大正６）年に75歳でこの世を去ったのだった。

※⑥ヒュースケン（１８３２〜１８６１）名はヘンリー。アムステルダム生まれのオランダ人。家族で米国に渡って帰化し来日時はアメリカ人。１８５６年、アメリカの駐日総領事ハリスから通訳として雇われて来日。５年後に江戸の芝で攘夷派の志士に襲撃、殺害される。幕府はヒュースケンの母に弔問金１万ドルを支払い、外国人警護を強化した。日本までの航海から来日後の体験を書いた『ヒュースケン日本日記』が残されている。

※⑦残念ながら2度目の渡米がアメリカで話題になったとする史料は見当たらない。アイドルの賞味期限は短いのだ……。

幕末の逸話 其の35

【あまりにも悲しい結末】

ヘタレな最期を迎えた岡田以蔵

●〝幕末の四剌客〟として斬った人間多数！

岡田以蔵は「人斬り」の異名をとった幕末の剣客のひとり。1838（天保9）年、土佐郷士の子として生を受ける。土佐勤王党の武市半平太[※①]に心酔し、彼の江戸入りに同行。「幕末江戸3大道場」のひとつ、桃井春蔵の蜊河岸道場に入門して頭角を現し、やがて刺客の道を歩むことになる。

動乱の幕末期にあって「人斬り」の異名を与えられた剣客は4人いた。その中では、佐久間象山を手にかけた河上彦斎や、後に桐野利秋と改名して陸軍の首脳に収まり、西南戦争に従軍した中村半次郎と比べると、やや知名度に欠けるかもしれない。しかし人数を「実績」と捉えるのであれば、先の2人は岡田の足元にも及ばない。

彼が活躍したのは、勤王派による「天誅」が世の中を震え上がらせていた文久年間。特

※①武市半平太（1829～1865）
志士。号は瑞山。郷士・武市正恒の嫡男として誕生。坂本龍馬とは遠い親戚。剣術家として名を挙げていたが、黒船ショックから攘夷思想に染まり、勤王の志士へと転身して土佐勤王党を設立。藩政を握っていた吉田東洋を暗殺して藩論を尊皇攘夷に転換させる。8月18日の政変で攘夷派の勢いに翳りが見えると、主君で前藩主の山内容堂により粛清される。

に1862（文久2）年は「勤王年」と俗称されるほど「天誅」が吹き荒れた年で、岡田も「人斬り」として、この粛清劇に貢献している。

まずは8月。大坂の心斎橋で、土佐藩のスパイとして暗躍していた井上佐市郎を暗殺。井上をおびき出して酒を飲ませ、泥酔したところを締めあげ、その隙を突いた仲間が脇差で腹をえぐる。死体は川に打ち捨てた。

その半月後には越後の浪士・本間精一郎を先斗町で襲い、半平太に借りた刀で斬殺。本間に「金銭的な不正があった」というのが岡田の言い分だが、真偽は定かではない。そのさらされた首を書き写したものは、現代にも残されている。

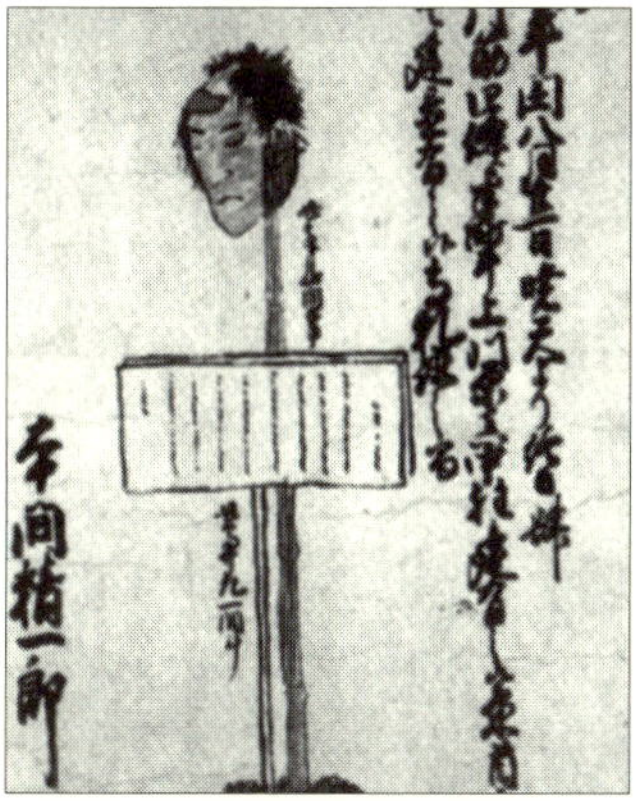

以蔵が仕留めた本間の首

さらに10日後の夜、安政の大獄で京都町奉行所の手先として十手を振るい「猿の文吉」と呼ばれ恐れられていた目明し※②文吉を、三条河原に引き出し細引きで絞め落とした上で、磔にしてしまう。

殺さずに下帯をほどき、陰茎の先から竹串を刺し通したうえで磔にしたので、発見された早朝には息があり、苦悶のあまり眼球が動いていたという。

余りのむごたらしさに京都民も息を呑み、文

---

②目明し
江戸時代、犯罪者の探索・捕縛にあたった末端の警吏。元犯罪者が登用されることも多かったから、総じてガラは悪かった。岡っ引き、手先など名前を変えながら幕末まで存続した。

吉が高利貸しにも手を染めていて庶民の反感を買っていたことも相まって都中で評判に。これを機に「人斬り以蔵」の名前は世に知れ渡った。前述2件の合間に公家の九条家の家臣をひとり手にかけている。

9月になると京都町奉行の与力3人を近江の宿屋で襲って斬殺。3人は天誅の危機感から京都を脱出して江戸に行くつもりだったのだが、ひと足遅かった。斬った首は京都に持ち帰り、粟田口の刑場でさらし首にした。数日後には、京都郊外で名主のひとりにも天誅を下す。

明けて1863（文久3）年1月には、安政の大獄で仲間を売ったとウワサされていた儒者の首を難波橋でさらし首に。削いだ耳は、かねてより勤皇派と対立していた議奏公卿※③、三条実愛と中山忠能に送りつけた。脅しの効果はてきめんで、両者共に議奏を辞任してしまった。

しかし、こうした「行き過ぎ」は、主君である土佐藩主・山内容堂の怒りを買ってしまった。そして土佐勤王党の弾圧が始まることになる。

●意外にヘタレな最期を迎えた剣豪

土佐勤王党への追及の手が厳しくなるのと時を同じくして、京都の政治情勢も勤王派にとって有利な状況ではなくなっていった。

※③議奏公卿
重要政務などを合議する役職として中世に創設された。一時廃止され、近世に復活。当初は天皇の教育係程度だったが、やがて宮中の監督を務めるなど権限が拡大した。

その頃、岡田は京都で酒色に溺れてしまい、1864（元治元）年には、盗みの罪で番所に捕まってしまう。このときは「無宿者の鉄蔵」という変名を使い、何とか無罪放免となったが、張り込みをしていた土佐藩兵に感づかれる。そして京都所司代に捕らえられ、土佐に護送されてしまった。

土佐に帰国してみると、総帥の武市自身も投獄されていたというタイミング。彼のカリスマ性は相当なもので、直接の嫌疑である「吉田東洋暗殺」※④について、いくら拷問されようとも同志たちは、一向に口を割っていなかった。

ところが、岡田は拷問がはじまると、あっさり「吉田殺し」を自白してしまう。彼がスラスラ、ペラペラと勤王党による犯罪を口にしてしまったものだから、獄につながれた他のメンバーの努力も虚しく、ことごとく有罪が確定していく。

岡田自身は、獄中で同志の軽蔑を受けながら翌年に梟首。

ちなみに武市は、獄中の同志を巧みに指導して自白を防いでいたが、岡田は口を割ると踏んでいたらしい。彼の差し金かはわからないが、岡田には、アヘンを調合した「天祥丸」※⑤まで差し入れられていた。

武市は死後、明治元年には高知県護国神社（当時は致道館）に坂本龍馬らと共に祭神として祀られることになるのだが、岡田はそのテロリストとしての血なまぐさいイメージが嫌われ、昭和58年になってようやく合祀されることとなった。

※④吉田東洋（1816〜1862）
高知藩士。東洋は号で、名は正秋。船奉行、郡奉行を歴任するなど藩主の信を得る、「時事五箇条」を建白するなど、藩の法整備に尽力した。いったん退任後復職するが、その公武合体的な思想が土佐勤王党に警戒され、暗殺された。

※⑤天祥丸
「いざとなったらこれを飲んで自害しろ」という武市からのメッセージである。

幕末の逸話 其の36

【新選組三番隊隊長から警視庁の警官に……】

数奇な人生を歩んだ斎藤一

●斎藤一、藤田五郎、そして一瀬伝八……

「元新選組三番隊隊長」。そんな、新政府から見れば蛇蝎の如く嫌われそうな経歴を隠して、藤田五郎こと斎藤一《はじめ》は1877（明治10）年、江戸で新政府に出仕した。赴いたのは警視局（現在の警視庁）、与えられた役職は警部補だった。すでに新選組の主だったメンバーはこの世になかった──。

斎藤は1844（弘化元）年生まれ。出身は江戸とも、播磨（兵庫県）とも言われる。新選組に入隊する前は、近藤勇が主宰する試衛館※①で剣術修行をしていた。いつごろ入門したのか定かではないが、とにかく近藤との縁から浪士組、そして新選組に身を投じることになる。

1862（文久2）年に殺人を犯してしまい京都に逃亡。ところが翌年、近藤は門下生

※①試衛館
道場はこの名前で知られているが、史料では確認できず「試衛場」という名称が用いられている。

とともに清河八郎に連れられ、将軍家茂の上洛に際して護衛をする「浪士組」として京都にやってきた。斎藤はすぐに合流し、やがて清川一派と袂を分かって「壬生浪士組」として京都に留まる決意をした近藤ともども、そのまま京都で活動するようになった。

芹沢鴨[※②]一派を粛清した近藤勇がリーダーになると、斎藤は副長助勤に就任。そして1864（文久4）年の池田屋事件では、第二陣として切り込んだ。この事件後に編成を一新した新選組の中で、彼は三番隊隊長を務めることになる。

1867（慶応3）年に伊東[※③]甲子太郎が新選組から離脱すると、近藤の命を受けて、スパイとして伊東一派（高台寺党）に潜り込み、伊東一派を粛清した油小路事件のキッカケをつくる。当の本人は事件前日に公金を使い込んで逃亡。スパイ活動するにあたり隊員を欺いた形になっていたうえ、背後関係も極秘にしていたことから隊員たちから恨みを買ったので、後に隊に復帰したときは別人を装い名前を変えている。

翌年の鳥羽伏見の戦いにも参戦したが、負傷して江戸に戻る。そこで甲陽鎮撫隊の一員として甲府方面に出陣、敗北すると会津へ逃れる。

会津戦争では負傷した土方歳三に代わって（近藤はすでに新政府の手で捕らえられていた）新選組をまとめる隊長役になる。しかし母成峠の戦いで敗北した後、新政府軍の手が迫る会津ではなく庄内に撤退しようとする土方や旧幕臣の大鳥圭介らと反目。「落城しようとするときに見捨てるのは志に反する」

※②芹沢鴨
（1827～1863）
生没年に諸説あり。水戸藩の浪士で、清河八郎らが結成した浪士組に参加、清河亡き後は指導者的立場となり「壬生浪士組」筆頭局長に就任。乱暴狼藉の限りを尽くしたため、近藤勇たちに暗殺された……とされるが多くは子母澤寛『新選組』3部作に依るので実像は未だにはっきりしない。

※③伊東甲子太郎
（1835～1867）
新選組の参謀で文学師範。荒くれ者の中にあって珍しい「文」の側面を担っていた人物。北辰一刀流を学び、1864年、新選組に加入。組の主流派と思想的に溝が深まると、彼の一党である「高台寺党」は「御陵衛士」として友好的に脱隊。しかし近藤勇たちの警戒心は晴れず元の仲間たちによって暗殺されてしまった。

警視庁抜刀隊の面々。この中に斎藤一もいたという。

として会津藩兵に合流して加勢する決断をする。斎藤にとって、京都時代に新選組を実質的に統括する立場だった会津藩士たちとは何年も苦楽をともにした仲間だったし、藩主の松平容保は、何かと面倒を見てくれた、大恩ある主君にも等しい存在だったのだ。

しかし、その会津藩もほどなく降伏。斎藤は偽名の「一瀬伝八」※④として高田藩（新潟県）預かりとなり静養していたが、会津藩が斗南に移封されると聞いて脱走。

1870（明治3）年ごろ、斗南藩五戸村に移住している。この前後に、〝主君〟容保から「藤田五郎」という名前を与えられたようだ。

1874（明治7）年に斗南から江戸へ出て、容保が仲人となって元会津藩士（藩大目付）の娘・高木時尾を妻に娶っている。だが実は斗南に住んでいたとき、別の女性・倉沢やそと結婚していたようだ。というのも1871（明治4）年の戸籍に、「妻　やそ」という文字が、「藤田五郎」の名前とともに記載されているからだ。何があったのかは不明だが、彼女は上京するにあたって斗南に置いていかれた。

そして上京間もなく時尾と結婚し、「元新選組」であることを隠したまま、警官への道

※④一瀬伝八
「斎藤一」は戦死したと思われており、これが幸いしたと思われる。

を歩むのである。

●剣の腕前は平凡？　非凡？　藤田五郎としての晩年

警察官として地道に働いていた藤田は奉職してほどなく勃発した西南戦争にも従軍している。大分に出張した彼は「警視庁徴募隊」半隊長として、抜刀隊※⑤の一員として戦場に出た。その活躍は新聞でも報じられたが、被弾して戦地を離れることになる。

西南戦争後の剣術査定では平凡な「四級」という査定を受けた藤田だったが、1891（明治24）年にリストラされるまで警察官としての職務をまっとうする。

退職後は東京高等師範学校に書記や警備員として勤務したり、東京教育博物館の警備員なども務めた。同時に剣術指導もしているのだが、ここで不思議なことが起きる。

剣術査定で「四級」という平凡な成績しか残せなかったはずの、50歳前後の老境といえる藤田に、有段者の生徒が束になってかかっていっても、小手すらかすることができなかったのだ。

試験のような場で型にはめると実力が発揮できなかっただけなのか、新選組としての〝過去〟を悟らせまいとしたのか……本人にしか分からないところだ。

1915（大正4）年、座敷の床の間で正座したまま死去。死因は胃潰瘍だった。

※⑤抜刀隊
西南戦争において西郷軍による抜刀斬り込みに手を焼いた警視隊が、対抗手段として臨時に選抜・組織した白兵戦集団。剣術に覚えがある士族で構成された。田原坂の戦闘に投入されて戦果を挙げたが、敵陣深くに入り込み過ぎて全滅した隊も多かった。現代の陸上自衛隊と警察が用いる公式行進曲は、1885年に作られた軍歌『抜刀隊』が起源。

幕末の逸話 其の37

【豊前国中津藩第5代藩主　その名は……】

フレデリック・ヘンドリック

●鎖国のまっただ中に〝横文字〟の殿様が！

「誰だそれ？」と思われた読者も多いことだろう。「外国人が日本の藩主になれるわけないだろう」と。しかし、現実にいたのだ。「豊前国中津藩第5代当主、フレデリック・ヘンドリック」は。

ご存じの通り、江戸時代の日本は「鎖国政策」で海外との交流を極端に制限していた。この政策の本質は外交関係や経済交流を断つことではなく、幕府による交易の独占と、私的な海外渡航を禁止することにある。幕府の基本方針も「海禁」だった。「鎖国」※①という言葉や概念は、攘夷思想が芽生えると共に、その裏付けとして現出してきた比較的新しい言葉なのだ。

とはいえ外国との交流は幕府の専売特許、ということに変わりはない。だから、どんな

※①鎖国
そもそも幕府は自分たちが「鎖国をしている」という自覚がなかった。19世紀はじめにロシアの貿易要求を拒絶して始めて「我々は国を閉じている」という観念が生まれた。

大名だろうと外国との交流を独自に持つことはＮＧ。薩摩藩が財政を立て直すために行なっていた琉球との交易も、幕府には内緒の密貿易であった。それも江戸から最も遠く離れた藩だからこそ、できたこと。いかに外国との交流が難しいか分かるだろう。

そんな時代にこともあろうに〝横文字の〟殿様がいたのだ。外国人を養子にしたのだろうか？　とんでもない。その殿様は生まれも育ちも生粋の日本人。１７８６（天明６）年、前藩主の病死を受け、養子としてわずか5歳で豊前・中津藩（大分県）を継いだ男。彼こそが生まれる時代を間違えた無名の開明君主・奥平昌高であった。

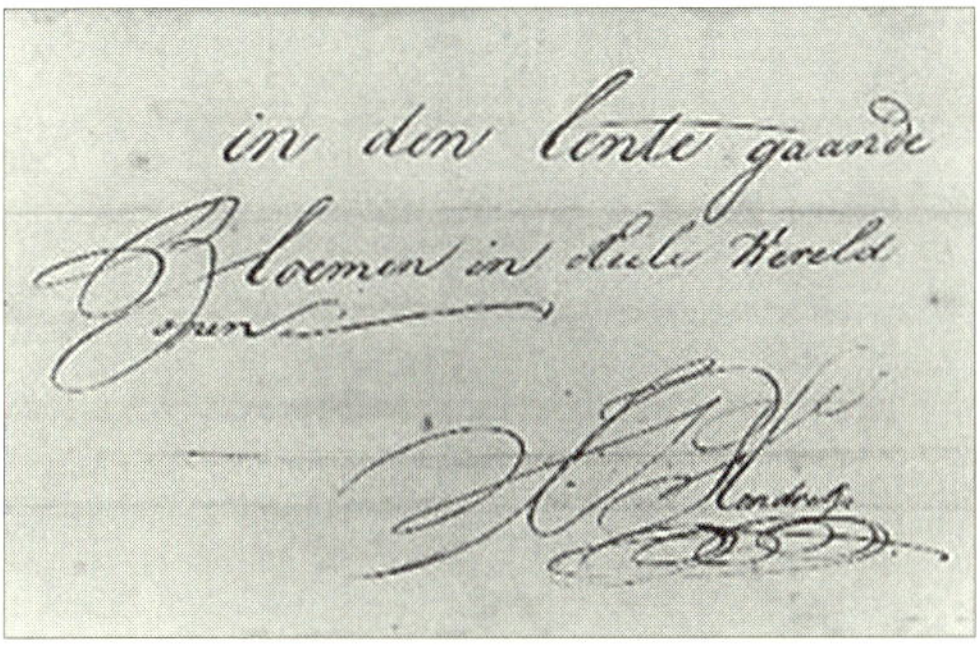

昌高の筆跡

昌高は、かねてから蘭学に強い興味を持っていた。というのも実父・島津重豪《しげひで》[※②]も蘭学大好き君主で、ひ孫の島津斉彬に影響を与えているほどなのだ。父の薫陶を受けた昌高は藩主に就任すると積極的に西洋の知識や技術を取り込もうとする。

彼は歴代のオランダ商館長と交流を深めた。特に父の代からヘンドリック・ヅーフ[※③]という人物とは仲が良く、昌高が懇願してオランダ名「フレデリック・ヘンドリック」という名前を授けてもらったのだ。

※②島津重豪
（１７４５〜１８３３）
人呼んで「蘭癖大名」。藩主就任当初は幼年という理由で祖父や外祖父が実権を握ったが、親政をスタートさせるや蘭学への傾倒を見せた。新しい知識や技術の吸収・育成に貪欲になるあまり藩財政を大きく傾けたが、先取の気概あふれる先進的な藩の気風を育てたことは、幕末期の薩摩藩にとって大きなアドバンテージをもたらした。

※③ヘンドリック・ヅーフ
（１７７７〜１８３５）
１８０３年から17年もの間、長崎・出島のオランダ商館長を務めた人物。この間、母国オランダはフランス革命の余波で国として機能していない状態だった。国際情勢のせいで歴代商館長の中でも非常に長期にわたる務めをこなした彼は、日本人からも敬われていたようだ。

自分だけではなく、同時に妻には「カソリーナ」、世継ぎには「モーリッツ」と命名してもらう。家族はいい迷惑である。

注意したいのは、これらはキリスト教に改宗したことで授かる洗礼名ではない。改宗もしないいまま、本人の希望で横文字名を名乗るなど、彼が本邦初だったのではないだろうか。

やがて「フレデリック・ヘンドリック」は1825（文政8）年に隠居する。その理由は「オランダ商館医のフランツ・シーボルト※④と親交を深めるため」。彼は歴史教科書にも載っている有名人だ。ドイツ人であり鳴滝塾で高野長英や伊東玄朴に蘭学を教え、後に「シーボルト事件」を引き起こすことになる。

なぜ、そのシーボルトと親しくなるために隠居しなければならなかったのかというと、鎖国政策のもと、大名という身分のままでは、自由に外国人と面談することははばかられる。気楽なご隠居としてであれば公式な面談ではなくなるし、何か問題が起きたときにお家を危うくする可能性もないだろう、と判断したからだった。何とも彼らしい話である。

仕事を犠牲にして趣味を選んだ甲斐あって、シーボルトもこの珍しい殿様に心を開いた。ある日、シーボルトが昌高を喜ばせようと、部屋に西洋の書籍や器械類を陳列、博物館のようにして出迎えたところ、彼はそれらを興味深そうに眺めたものの、既にそれらに関する正確な知識を持っていたという。シーボルトが江戸参府した時の様子を著した日記『江戸参府紀行』には昌高が15回も登場する。もちろん日本人最多である。

※④フランツ・シーボルト（1796〜1866）ドイツ人の医師で博物学者。祖父の代からの貴族。東洋へ強い憧れを持ち、1823年に喜望峰経由でジャワ島から長崎に来日し、オランダ商館医として勤務。翌年には蘭学を教える鳴滝塾を開き、高野長英などを教育した。1828年、日本地図を海外に流出させようとした罪に問われて国外追放に（「シーボルト事件」）。日本滞在中に楠本滝との間に一人娘の稲をもうける。

●〝横文字〟殿様の西洋かぶれは幕末史に影響も

隠居後も長生きして、1855（安政2）年にこの世を去った「フレデリック・ヘンドリック」だが、彼の存在は幕末史にも影響を与えている。

実は昌高以前から、奥平家は開明的な藩主が続いていたのだが、その路線を強化した彼のおかげで、中津藩は幕末期、全国でも屈指の開明的な風土が育っており、アヘン戦争の情報に触れたり外国船の来訪が頻繁になるといった情勢の変化に敏感だった。

そこで中津藩は、早くから西洋砲術の必要性を熟知していて、1850（嘉永3）年には西洋砲術の第一人者、佐久間象山のもとに、14名の藩士を門下生として送り込んでいる。ペリー来航に先立つ3年前のことだ。

生前、ヘンドリックもとい昌高は江戸・鉄砲洲の中屋敷に、ガラスをはめた障子で仕切られた「オランダ部屋」なる部屋を作った。座ったまま江戸湾の景観を楽しむことができたというが、実はこの跡地には、福沢諭吉が蘭学塾を開いているのだ。

また、彼にオランダ名を授けたヅーフが編さんを始めた蘭和辞典「ヅーフ・ハルマ」※⑤は、ペリー来航後に幕府が正式な刊行を認めた辞典で、それに先立って佐久間象山が私財をなげうって出版しようとしていたものだ。諭吉も学んだ緒方洪庵の適塾にも1冊しかない貴重な書物だった。

※⑤ヅーフ・ハルマ　帰国のときは作業途中だったが通詞が意志を受け継いで完成させた。収録語数は5万。当時は最大・最良の蘭日辞典だったと言える。別名「道訳ハルマ」「長崎ハルマ」とも。

幕末の逸話 其の38

【その名は今井信郎】

龍馬暗殺のカギを握る二枚舌男

●やったのか、やっていないのか?

「自分がやった……」

土佐藩士・坂本龍馬が中岡慎太郎と共に京都で斬殺された「近江屋事件」。明治時代に入ってからは新選組の仕業であったと考えられていた事件だが、30年も経ってから〝自白〟した者がいる。

それが今井信郎。京都見廻組の一員として事件に関わった男だ。

彼は1841(天保12)年、幕臣の子として生まれた。幕府がまだ健在だった時期に講武所取締や神奈川奉行支配定番役取締、上州岩鼻陣屋剣術教授などを歴任している。そして1867(慶応3)年5月、京都見廻組に編入された。1850(嘉永3)年に部屋住みの身から幕臣に取り立ててもらって以来、ほとんどの年月を〝武〟※①に携わる立場で過ご

※① 〝武〟
今井が修めたのは直心影流剣術。いち早く竹刀と防具を使用した稽古を導入した流派である。その人気は全国区で、示現流一辺倒の薩摩でも学ぶ者が多かった。

していたことになる。

京都見廻組に編入された年の10月に入京して、その1か月後には「近江屋事件」に遭遇。

さらに2か月後には、鳥羽伏見の戦いに参戦して、敗走すると江戸に戻った。

江戸から脱走した旧幕府兵をまとめた反新政府ゲリラ集団「衝鋒隊」[※②]を結成して幹部に収まると、北関東から北越まで転戦。最後は会津に退却して、同じく幕府脱走兵集団の大鳥圭介たちと合流する。会津での奮戦も空しく敗れると仙台に逃げて、さらに箱館へと落ち延びていった。鳥羽伏見から箱館と「抵抗戦のフルコース」を戦った旧幕臣のひとりなのだ。

近江屋跡

箱館では警備部隊に所属して実戦に参加することはなかったが、箱館戦争の最後を飾る五稜郭籠城戦では実戦復帰。最後の抵抗を試みるが、敗戦すると箱館政権のトップだった榎本武揚ともども、ついに降伏することになった。

江戸改め東京に護送された今井は、賊軍に加担した犯罪者。当然のことながら新政府から取り調べを受ける。特に京都見廻組だったというキャリアから、兵部省や刑

※②衝鋒隊
今井信郎が副隊長として在籍した、江戸開城に不満を募らせる幕府陸軍脱走兵による諸隊のひとつ。会津から越後に進出、敗走すると仙台から蝦夷に向かって箱館戦争にも従軍。榎本武揚たちの降伏とともに解散。

部省で、近江屋事件についての取り調べを受けることになった。

龍馬暗殺については当初から新選組犯行説が根強かったものの、新政府は京都見廻組も怪しいと睨んでいた。

続く取り調べの中で、今井がポツポツと〝自白〟した内容は、次のようなものだった。

「与頭の佐々木只三郎※③の命令で総勢7人で斬り込んだ。自分は見張り役で階下にいたため、手は出していない。佐々木に指令を出したのが幕閣なのか、京都守護職の松平容保なのか、他の誰かなのか、自分には分からない」

証言に出てくる佐々木は、新選組の前身・浪士組を結成した清河八郎を仕留めた手練の会津藩士。その佐々木を含む7人の実名を挙げての自白に「信用性あり」と納得した新政府は、彼を静岡藩預かりとし、今井はそこで禁錮刑に処せられる。この時点での今井の主張は、「現場にいたけどやっていない」だ。

約2年後に釈放された今井は、その4年後には牧の原に。この土地は旧幕臣が多数、移植してお茶の栽培に務めた開拓地で後年、静岡県を代表するお茶の栽培地にまで成長する。さらに初倉村（現・静岡県島田市）の村会議員から村長にまでなった。

その村会議員に立候補するタイミングで、「龍馬を殺したのは自分」だと公表するのだ。

「最初に横鬢をひとつ打ち叩いて、体をすくめる拍子に左の腹を横に斬り、さらに踏み込んでから右腹を刺した」

※③佐々木只三郎
（1833〜1868）
会津藩士の三男。浪士組の結成に関わるが、思想的に反発した清河八郎を江戸で暗殺。一方で松平容保の従者だった兄を頼って新選組を京都守護職配下の組織として存続できるように取り計らった。京都見廻組が結成されると加入。禁門の変などにも参戦した。鳥羽伏見の戦いにも従軍するが、腰に被弾して重傷。紀伊に敗走中に35歳の若さで死去した。

今井はこのように殺害の状況を説明し、わずか三太刀で仕留めたというのだが、検分結果では龍馬の遺体には34か所の刺し傷があった。

●裏付けがない自白の真相は墓場に……

この今井の〝自白〟は、現代においても「真実を話したのか」がはっきりしていない。最初の自白に登場する人物は、すでに戦死していた人物ばかりであり、これは「生き残っている〝真犯人〟を庇うため」の配慮だったと当時は噂されていた。

そして新たな自白は事件から30年も経った後。折しも、時代は日露戦争後。「日本海海戦[※④]の直前、明治天皇の皇后の夢に坂本龍馬が出てきた」というエピソードのおかげで世間は空前の「龍馬ブーム」だった。そんな中で今井は「実は俺がやった！」と名乗り出ることで有名になり、その後、村会議員になっている。これでは「売名行為」の謗りを受けて当然である。結局、証言を裏付ける証人も現れず、さらに彼が証言するたびに襲撃に参加した人物の名前や人数がコロコロ変わった。

これには、龍馬が襲撃された直後に凶報を聞いて現場に駆けつけた土佐藩士・谷干城も黙っておらず「今井の証言はただの腕自慢であって真実ではない」と手厳しく反論。

結局、1918（大正7）年に83歳で亡くなるとき、今井信郎は「真相」も墓に持っていってしまったのだった。

※④日本海海戦
1905年5月に起きた、日露戦争のクライマックスとも言える戦い。日本帝国海軍の連合艦隊がロシア帝国のバルチック艦隊を一方的に撃破した。有名な電文「本日天気晴朗なれども波高し」やZ旗に当てられた「皇国の興廃、この一戦にあり」などは、この海戦時のもの。敵艦隊の眼前で回頭する「丁字戦法」も有名だが、最近では否定されつつある。

幕末の逸話 其の39

【海軍力の基礎を作った男】

日本海軍を作った小栗忠順

●日本海軍「本当の生みの親」

一般に「日本海軍の生みの親」と言われる人物は2人存在する。ひとりは3回も海軍大臣を経験し、日清・日露の大海戦を帝国海軍の完勝に導いた薩摩藩出身の山本権兵衛※①。もうひとりは権兵衛も学んだ海軍操練所の創設者で、幕末期に数々の人材を育てた勝海舟。しかし他に、本当の意味で「帝国海軍を生んだ」と言える人物がいたことをご存じだろうか。それが横須賀造船所計画を立てた小栗忠順《ただまさ》である。

1827（文政10）年、旗本・小栗忠高の子として生まれた忠順は、幼少の頃こそ悪童として名を馳せていたものの、成長するにつれ抜きん出た文武の才を見せ始める。そして歯に衣着せぬ物言いで上役と衝突しながらも、幕府で順調に出世していく。

そんな忠順がかねてより懸念していたのが、通貨の交換比率であった。開国当初の日本

※①山本権兵衛（1852〜1933）明治から昭和にかけての海軍軍人。薩摩藩出身で、薩英戦争から日露戦争にまで関与した海軍の権化のような存在。政治家としても活躍し、2度内閣を組織している。

は、国際的な相場とは異なる、はるかに金の値打ちが安く設定された金銀交換相場を用いていたことから、金※②（小判）の海外流出と、その副作用とも言える急激なインフレに悩まされていた。忠順は早くからその事態を重く見ており、なるべく早く相場の是正をしなければならないと考えていた。

そのチャンスは、やがて訪れた。１８５９（安政６）年、日米通商修好条約の本書調印を目的とした遣米使節の正使として、アメリカを訪問することになったのだ。

アメリカに渡った小栗は、持参した天秤などを用いて、日本の小判（金貨）とアメリカが使うメキシコドル金貨の、金の含有率、その他の金属の含有率を詳しく調べて、金貨の重さではなく、含まれる金銀の量によって相場を決めるべきだと主張。これは「日本初の国際経済交渉」とも言えるもので、あまりに細かい条件や要求を次々と突きつけたものだから、アメリカ側が辟易するほどだった。

敏腕で知られた幕臣・小栗忠順

しかし、経済の本質を見極めた弁論の鋭さは、アメリカの日本を見る目をも変えた。結局は小栗の主張が通って交渉は成立。小栗がアメリカ滞在中、彼の動向を現地紙が追うほどの評価を得て、その聡明ぶりは各地で絶賛された。

※②金の海外流出
貿易をせずとも通貨を交換するだけで大儲けできるとあって、多くの在留外国人はこの錬金術に夢中になった。アメリカ公使、ハリスもこれで利を得ている。イギリス領事、オールコックはこの状況を「狂乱状態」と表現している。

アメリカでの大役を終えた彼は、さまざまな船を乗り継いで地球を一周してから帰国した。世界を見聞した忠順の見識はさらに磨かれる。1867（慶応3）年、彼は日本初の※③株式会社の設立案を提出する。名を兵庫商社。資本力が不足している日本商人が、海外の企業と戦えるようにするには、大資本の商社が必要だったのである。設立資金100万両は大坂の有力商人から出資させたものだった。

●ビッグプロジェクト「横須賀造船所建設計画」

1864（元治元）年、勘定奉行になった小栗は、フランス公使ロッシュと相談し、国の行く末を左右する、巨大なプロジェクトに着手する。それが横須賀造船所の建設計画だった。

造船所といっても船を造るだけの工場を建てるのではない。最新の西洋知識を研究・吸収する教育機関や最先端の製鉄所、海軍施設……。そういったものも敷地内や周辺地域に収める、今でいう「軍事科学研究都市」を作ろうとしていたのだ。

小栗の構想は、細部にいたるまで近代的だった。まず、ライン部門とスタッフ部門を切り離し、経理には複式簿記を導入し、人材の登用は能力第一主義。経営面でも利益を出すことを重要視し、コスト意識の徹底を図るつもりだった。

どれもこれも、実現していたら日本初の試みばかりだった。しかし残念なことに、志半

※③日本初
小栗は他にも「日本初」の本格的ホテルの建設を手がけている。建設したのは清水喜助（清水建設創業者）で「築地ホテル館」と名付けられた。

ばで大政奉還によって幕府は崩壊、計画が実現することはなかった。

施設は、すでに発注済みだった洋式軍艦ともども新政府が接収。忠順の計画そのままに、横須賀造船所計画は明治になっても進められたのだ。やがて完成した造船所は横須賀海軍工廠に発展し、日清・日露の大戦の勝利に貢献することになる。しかし、忠順は帝国海軍の成長した姿を見ることは叶わなかった。

戊辰戦争で徳川慶喜に徹底抗戦を主張したことが仇となってか、忠順は幕府の要職を解かれることになる。1868（慶応4）年、老中より罷免を申し渡されると、忠順は群馬県権田村に隠棲する。米国への亡命を勧められたり、彰義隊の隊長に推されるものの丁重に断ったという。そして4月、突如として新政府軍が現れ忠順を捕縛。「農兵を訓練していた」「徳川の埋蔵金を隠した」[※④]ことを罪に問われたとされるが、一切の証拠はなかった。

ろくな取り調べもないまま、水沼河原に引き出される忠順。無実を叫ぶ家臣を「お静かに」と諭すと、遺された婦女子の面倒を頼み、一切の弁明もなく斬首された。享年41歳。

時は経ち、1905（明治38）年、「日本海海戦」で完勝し、日露戦争の勝利を決定付けた当時の連合艦隊司令長官・東郷平八郎は戦後に忠順の遺族を自宅に招き、こう語った。

日本海海戦に勝利できたのは製鉄所、造船所を建設した小栗氏のお陰である。

※④徳川の埋蔵金
維新後、新政府は幕府の御用金を資金源として大いに期待していたが、城内の金蔵はスッカラカンだった。そこで勘定奉行だった小栗に疑いが及ぶが、ついに埋蔵金は発見されなかった。以後トレジャーハンター、テレビ番組関係者が血眼になって探しまわるものの、これといった物証は見つからず終いである。

幕末の逸話 其の40

【幕末のリアル「暴れん坊将軍」】

脱藩して官軍と戦った林忠崇

●幕末を駆け巡る〝暴れん坊〟大名！

幕府陸軍の一隊に「撒兵隊」※①という組織がある。彼らは1868（慶応4）年1月、歩兵大隊の予備軍として編成されるものの活躍することなく、江戸城開城に伴い解散命令を受けた。翌月、徹底抗戦を主張する大鳥圭介はそれらの脱走兵をまとめて、下総市川（千葉県）に落ち延びる。その別働隊は、上総木更津（千葉県）の長須賀村に入り、陣を構えて「義軍府」と称し、真舟にある上総請西藩の陣屋に使いを出して、藩主に助力を求めた。

このときの請西藩主が本項の主人公・林忠崇だ。彼は前年に20歳で家督を相続したばかり。林家は古くから徳川家を支える譜代の家柄で、もとは3000石の旗本に過ぎなかったが、忠崇の2代前の忠英が若年寄となり、7000石を加増されて大名になったという経緯を持つ。徳川家に対する思い入れは人一倍強い。

※①撒兵隊
比較的高い身分の旗本と、その子弟で構成されていたが、あまり素行は良くなかったようだ。

義軍府の使者は、次のような言葉で若き藩主に迫った。

「房総諸藩の兵力を結集すれば新政府軍に対抗できるし、そのうち奥羽諸藩の助太刀を得られるだろうから、江戸城奪還も夢ではない」

続いて、鳥羽伏見の敗戦後に江戸で「遊撃隊」を結成し駆けつけていた、青年剣客・伊庭八郎※②も、忠崇の説得に訪れた。血気盛んな青年藩主はついに出陣を決意。義軍府や八郎の軍略を拝借して、忠崇は熱弁を振るう。

「房総諸侯と語らって、江戸湾を渡って伊豆・駿河に進出しよう。代々の譜代でもある大久保家の小田原藩などとも連携して箱根の要害を押さえ、新政府軍先遣部隊を後方から襲えば、本隊の進撃を食い止めることができよう。その間に佐幕の奥羽諸藩が関東になだれ込み、江戸城を奪還すればよい！」

さらに、忠崇は続ける。

「無傷で残る幕府の軍艦に精鋭が分乗して東海道沖を西上し、桑名あたりに上陸すれば新政府軍本隊を挟撃できよう。その余勢で京都を占領するのだ！」

以後、忠崇は隊の総裁として戦地を駆け巡ることになる。〝暴れん坊大名〟の誕生である。

林忠崇

※②伊庭八郎
（1844〜1869）幕末の剣客。1864年、幕臣に取り立てられて奥詰に加えられ、さらに講武所教授方に任ぜられた。奥詰が遊撃隊に組織変更するとその一員となり、鳥羽伏見の戦いに敗れ江戸に敗走。戦いの最中、左手首を皮一枚残して斬られ、以後は隻腕となった。怪我を癒して何とか箱館に向かい、再編なった遊撃隊の隊長を任されるが、木古内の戦いで重傷を負い、五稜郭開城前夜、榎本武揚に渡されたモルヒネをあおって自害。

●箱根から会津へ……最後まで抵抗した〝元藩主

小藩が分立する房総半島の諸大名は、その全てが徳川恩顧の譜代だった。脈ありと見た遊撃隊士たちは諸藩を遊説する。しかし、諸大名が徳川家に忠誠を誓ったのも、今は昔。日和見を決め込む藩や、藩論が真っ二つで収拾がつかない藩ばかりで、加勢はひとつも得られなかった。

一方の忠崇は、幕府陸軍の軍服に身を包み、領内で準備を進める。まずは志願兵を募り、仮に参陣しなくてもお咎めなしとした。これは、

「自分が立つのは幕臣としての素心の発露。『慶喜公と示し合わせて』と勘ぐられては慶喜公に迷惑がかかるから」

と考えてのことだった。つまり自身も、立場は「浪人」※③である。

集まった兵をふるいにかけて精鋭２００名を厳選。館山沖の榎本艦隊と連絡を取り、周辺諸藩に檄文を発送。最初のうちこそ脅迫に近い手段も用いて周辺から武器糧食を集めていたが、しだいに非公式ながら忠崇の心意気を感じて援助の手が差し伸べられるようになる。諸藩の使いがそのまま志願して遊撃隊士になることも珍しくなかった。

ところが、真鶴に上陸した後のことだ。彼の檄文を受けた沼津藩が「緊急事態」として江戸の新政府大総督府に、まさかの通報。すでに小田原藩も新政府に恭順していて、新政府軍は箱根を通過していた。そこで遊撃隊は、元箱根で新政府軍を襲撃。勝利を得た余勢

※③浪人
江戸幕府の歴史は長いが、後にも先にも自ら脱藩して浪人となった大名は忠崇ただひとりである。

で御殿場から甲斐に進出しようとする。しかし「恭順路線の将軍家にかえって迷惑をかける」という旧幕府重鎮たちの言葉に納得し、箱根の関所を占領するにとどめた。

その後、新政府軍の鎮圧部隊に敗北すると5月末には三浦半島から館山へ。そこで奥羽越列藩同盟のことを知ると、負傷兵を残して幕府軍艦に乗り込み北上。東北各地で転戦するうち、9月には「明治」の世となっていた。新政府軍の勢いが増す中、10月に家臣一同、仙台藩を通じてついに降伏する。

請西藩は改易（戊辰戦争で唯一の消滅した藩）、本人は死を覚悟して辞世※④の句を詠むが助命された。1872（明治5）年に放免となるが、ほかの大名と違って華族になれず士族扱いのまま。後年、何とか男爵にはなれた。

死に損なった〝暴れん坊大名〟は、結局1941（昭和16）年まで生きた。しかし日本人にとっては濃密だった明治・大正・昭和の時代も、幕府に忠誠を誓った彼にとっては空虚なものだったのだろう。

死の直前、辞世の句を問われて、

「あのとき、すでに詠んでいる」

と返したのだった。享年、92歳。この時点で、存命していた「大名」は彼ひとり。

つまり彼は〝最後の大名〟※⑤としてその生涯を終えたのである。

※④辞世の句
ちなみにその歌は
「真心の　あるかなきかは
屠り出す　腹の血潮の
色にこそ知れ」
という壮絶なものだ。

※⑤最後の大名
忠崇の他にも「最後の大名」として知られているのが近江大溝藩の第12代当主・分部光謙である。彼は1944年11月に死去したため、厳密に言えば忠崇より長生きしたのだが、彼は藩主に就いたのがすでに版籍奉還がされた後だったことや、藩主だったのがたったの4日だったことから。

おわりに

実を言うと、歴史大好き人間なのに、この時代は取っつきづらかった。

派手な合戦が繰り広げられるわけでも領土が一変するわけでもないから、ダイナミズムを感じにくい時代ではあるし、政治的な動きが多いから何となく密室臭が強くて、それなのに次々と登場人物だけが増えていくから、何となく基礎知識以上の踏み込みを敬遠していたのだ。

ところが、フタを開けたら大違い。どっぷりハマり込んだのは言うまでもない。

歴史は、本当に面白い。

とらえかたによって印象はまったく変わる。自分の中で、今日のヒーローが明日には敵役になってしまうことだってある。何の感慨もなかった事件が、えらく重要なエポックだったと思うようになることだってある。

今回は、大多数の人が抱いているイメージを、あえて覆そうという意図のもと、本書を執筆した。だから、英雄視されている人間に対しては特に、厳しい表現が多かったかもしれないし、そのことで気分を害したファンもいることと思う。

だけど、それもひっくるめて歴史の面白さがあるんだ、ということ。一面しか見ずにひたすら賛美を送るのでは、カルト宗教の信徒と教祖の関係みたいなものだ。ダークサイドも知ってこそ、深みある人間としてさらに好きになる。その方が、精神衛生上は好ましいようにも思える。

などとエラそうに言い訳を書き連ねてみたが、結局のところ、歴史は見る人それぞれが、それぞれに評価するものでしかない。絶対的に正しいとか、絶対的に英雄だ、などという評価はあり得ないのだから。かく言う筆者自身、執筆のための調査の中で、印象が大きく変わった人物や事件があったのも事実だ。

しかし、それも楽しい。

筆者としては初の歴史系著書。その扉を開けてくれた彩図社の3人、特に担当してくれた吉本竜太郎さん、どうもありがとう！

そして、手に取ってくれた読者の皆さまに、歴史と戯れる有意義な時間を提供できていたら幸せに思います。

２０１３年１月　熊谷充晃

【参考文献】（著者五十音順）

《書籍》

青木美智男『大系　日本の歴史〈11〉　近代の予兆』小学館／浅見雅男『皇族誕生』角川グループパブリッシング『華族誕生』中央公論新社／飛鳥井雅道『坂本龍馬』講談社／新井喜美夫『「善玉」「悪玉」大逆転の幕末史』講談社／有森隆『創業家物語』講談社／安藤優一郎『幕臣たちの明治維新』講談社『新島八重の維新』青春出版社『幕末維新　消された歴史』日本経済新聞出版社『将軍家御典医の娘が語る江戸の面影』平凡社／飯田鼎『福沢諭吉』中央公論新社／家近良樹『幕末の朝廷』中央公論新社／家村和幸（監修）『真実の「日本戦史」』宝島社／猪飼隆明『西郷隆盛』岩波書店／池田敬正『坂本龍馬』中央公論新社／池辺三山、滝田樗陰（編）『明治維新　三大政治家』中央公論新社／石井寛治『大系　日本の歴史〈12〉　開国と維新』小学館／石川英輔『大江戸生活事情』『大江戸えころじー事情』『大江戸省エネ事情』講談社／石光真人『ある明治人の記録』中央公論新社／一坂太郎『幕末時代劇、「主役」たちの真実』講談社『長州奇兵隊』中央公論新社／井上勲『王政復古』中央公論新社／井上勝生『幕末・維新　シリーズ日本近現代史1』岩波書店／井上寛司『「神道」の虚像と実像』講談社／井上鋭夫『本願寺』講談社／入江昭『日本の外交』中央公論新社／生方敏郎『明治大正見聞史』中央公論新社／梅渓昇『お雇い外国人』講談社／江崎俊平、志茂田誠諦『日本剣豪列伝』学習研究社／江藤淳、松浦玲（編）『海舟語録』講談社／大石慎三郎『江戸時代』中央公論新社／大石学『新選組』中央公論新社／大久保喬樹『洋行の時代』中央公論新社／大野敏明『新選組　敗者の歴史はどう歪められたのか』実業之日本社／小川原正道『西南戦争』中央公論新社／小田部雄次『華族』中央公論新社／小和田哲男『日本の歴史がわかる本〈幕末・維新～現代〉篇』三笠書房／笠原一男、児玉幸多（編）『新装版　日本史こぼれ話　近世・現代』『新装版　続・日本史こぼれ話　近世・現代』『新装版　続々・日本史こぼれ話　近世・現代』山川出版社／風巻絃一『高杉晋作のすべてがわかる本』三笠書房／茅原健『工手学校』中央公論新社／河合敦『日本史重要人物の「意外な」その後』光文社／菊地明『新選組の新常識』集英社『京都見廻組　秘録』洋泉社／菊地明、伊東成郎、結喜しはや『土方歳三と新選組10人の組長』新人物往来社／鬼頭宏『文明としての江戸システム　日本の歴史19』講談社／刑部芳則『洋服・散髪・脱刀　服制の明治維新』講談社／楠原佑介『この駅名に問題あり』草思社／邦光史郎『史談　徳川の落日』大陸書房／呉光生『大江戸ビジネス社会』小学館／黒川みどり『近代部落史』平凡社／礫川全次『知られざる福沢諭吉』平凡社／此経啓助『明治人のお葬式』現代書館／児玉幸多、菱刈隆永（編）『日本史史料』吉川弘文館／後藤寿一（編）『こんな時代があったのか!? 明治・大正 日本人の意外な常識』実業之日本社／小林和幸『谷干城』中央公論新社／早乙女貢『隠された維新史 志士たちの実像』廣済堂出版／酒井シヅ（監修）『まるわかり 江戸の医学』ベストセラーズ／榊原英資『龍馬伝説の虚実』朝日新聞出版／坂崎紫瀾、林原純生（校注）『汗血千里駒』岩波書店／坂野潤治『体系 日本の歴史〈13〉 近代日本の出発』小学館『日本近代史』筑摩書房／坂野潤治、大野健一『明治維新 １８５８‐１８８１』講談社／坂本藤良『幕末維新の経済人』中央公論新社／佐々克明『西郷隆盛と維新の英傑たち』三笠書房／佐々木克『戊辰戦争』中央公論新社／佐々木譲『幕臣たちと技術立国』集英社／佐藤誠朗『幕末維新の民衆世界』岩波書店／佐藤雅美『大君の通貨』文藝春秋／佐藤光浩『知らなくてもいい幕末無駄知識』アルファポリス／佐藤竜一『それぞれの戊辰戦争』現代書館／佐野真由子『オールコックの江戸』中央公論新社／三戸祐子『定刻発車』新潮社／塩見鮮一郎『解放令の明治維新』河出書房新社／篠田鉱造『増補 幕末百話』岩波書店／渋沢栄一（著）、守屋淳（編訳）『現代語訳 渋沢栄一自伝』平凡社／下川耿史（監修）、家庭総合研究会（編）『明治・大正 家庭史年表』河出書房新社／下川耿史（編）『近代子ども史年表 明治・大正編』河出書房新社／子母澤寛『新選組始末記』『新選組遺聞』『新選組物語』中央公論新社／週刊朝日（編）『値段の明治大正昭和風俗史（上）』朝日新聞社／鈴木眞哉『その時、歴史は動かなかった!?』ＰＨＰ研究所／鈴木健夫、ポール・スノードン、ギュンター・ツォーベル『ヨーロッパ人の見た幕末使節団』講談社／鈴木亨『日本の古城・名城 １００の興亡史話』学習研究社／鈴木由紀子『女たちの明治維新』ＮＨＫ出版／千田稔『華族総覧』講談社／高橋輝和『シーボルトと宇田川榕菴』平凡社／高橋敏『清水次郎長』岩波書店／瀧井一博『伊藤博文』中央公論新社／田中彰『高杉晋作と奇兵隊』岩波書店『明治維新』講談社『吉田松陰』中央公論新社／鶴見俊輔（編著）『日本の百年〈１〉 御一新の嵐』筑摩書房／寺沢龍『明治の女子留学生』平凡社／童門冬二『幕末私設機動隊』ベストセラーズ／遠山茂樹『明治維新』岩波書店／徳川宗英『最後の幕閣』講談社／徳永真一郎『明治叛臣伝』光文社／冨成博『江戸と幕末 意外に知らない素朴な疑問』新人物往来社／鳥海靖『逆賊と元勲の明治』講談社／中嶋繁雄『明治の事件史』青春出版社『大名の日本地図』文藝春秋『明治犯科帳』平凡社／中村彰彦『脱藩大名の戊辰戦争』中央公論新社／中村晃『大久保利通』ＰＨＰ研究所／中村武生『池田屋事件の研究』講談社／長山靖生『天下の副将軍』新潮社／奈良本辰也『幕末維新の志士読本』天山文庫『高杉晋作』中央公論新社／成田龍一『近現代日本史と歴史学』中央公論新社／野口武彦『大江戸曲者列伝 幕末の巻』『明治めちゃくちゃ物語 勝海舟の腹芸』新潮社『鳥羽伏見の戦い』『幕府歩兵隊』中央公論新社／野村正樹『鉄道地図の謎から歴史を読む方法』河出書房新社／野呂肖生『新

装版　日本史こぼれ話　近世・近代final』山川出版社／秦郁彦『靖国神社の祭神たち』新潮社／羽仁五郎『明治維新史研究』岩波書店／原口泉『坂本龍馬と北海道』ＰＨＰ研究所／樋口雄彦『旧幕臣の明治維新』吉川弘文館／平尾道雄『坂本龍馬　海援隊始末記』中央公論新社／福岡博『佐賀の幕末維新　八賢伝』出門堂／福田定良『新選組の哲学』中央公論新社／福地桜痴（著）、佐々木潤之介（校注）『幕末政治家』岩波書店／藤岡信勝、自由主義史観研究会『教科書が教えない歴史　明治～昭和初期、日本の偉業』産経新聞ニューサービス／古川愛哲『悪代官は実はヒーローだった江戸の歴史』講談社／古川薫『吉田松陰』ＰＨＰ研究所／星亮一『会津戦争全史』講談社『勝海舟と明治維新の舞台裏』静山社『幕臣たちの誤算』青春出版社『奥羽越列藩同盟』『大鳥圭介』中央公論新社『女たちの会津戦争』平凡社／前田政記『新選組全隊士徹底ガイド』河出書房新社／真島節朗『「浪士」石油を掘る』共栄書房／町田明広『攘夷の幕末史』講談社／松浦玲『坂本龍馬』『新選組』岩波書店『徳川慶喜　増補版』中央公論新社／松方冬子『オランダ風説書』中央公論新社／松永昌三『福沢諭吉と中江兆民』中央公論新社／丸田勲『江戸の卵は1個４００円！』光文社／宮澤眞一『「幕末」に殺された男』新潮社／三好徹『政・財　腐蝕の１００年』講談社／武藤直大『新聞記事に見る激動近代史』グラフ社／村上泰賢『小栗上野介』平凡社／村山吉廣『藩校』明治書院／毛利敏彦『明治六年政変』『大久保利通』『増訂版　江藤新平』中央公論新社／安丸良夫『神々の明治維新』岩波書店／柳父章『翻訳語成立事情』岩波書店／山田順子『時代考証家に学ぶ時代劇の裏側』講談社／山本志乃『女の旅　幕末維新から明治期の11人』中央公論新社／八幡和郎（監修）『ビジュアル版　最後の藩主』光文社『幕末藩主の通知表』宝島社／湯沢雍彦『明治の結婚　明治の離婚』角川学芸出版／好川之範『箱館戦争全史』新人物往来社／渡辺房男『お金から見た幕末維新』祥伝社／全国歴史教育研究協議会（編）『日本史用語集』山川出版社／大衆文学研究会（編）『徳川慶喜なるほど百話』廣済堂出版／日本博学倶楽部『日本全国「お土産・名産品」おもしろ事典』ＰＨＰ研究所／幕末軍事史研究会『武器と防具　幕末編』新紀元社／幕末研究会（著）、高平鳴海（監修）『幕末維新人物事典』新紀元社／幕末新聞編纂委員会（編）『幕末新聞』アスペクト／横浜開港資料館（編）『おもろ遠眼鏡　庶民の見た幕末・明治』神奈川新聞社／歴史群像編集部（編）『【全国版】幕末維新人物事典』学習研究社／「歴史読本」編集部（編）『物語　幕末を生きた女１０１人』『日本の華族』新人物往来社／歴史トレンド研究会（編）『幕末・維新大百科』ロングセラーズ／「歴史の真相」研究会『学校では教えてくれない本当の日本史』『学校では教えてくれない衝撃の日本史』宝島社／アーネスト・サトウ（著）、坂田精一（訳）『一外交官の見た明治維新（上・下）』岩波書店／エドゥアルド・スエンソン（著）、長島要一（訳）『江戸幕末滞在記』講談社／ニコライ（著）、中村健之介（訳）『ニコライの見た幕末日本』講談社／タウンゼント・ハリス（著）、坂田精一（訳）『日本滞在記（上・中・下）』岩波書店／ロミュラス・ヒルズボロウ（著）、正木恵美（訳）『新選組　将軍警護の最後の武士団』バベルプレス／A・B・ミットフォード（著）、長岡祥三（訳）『英国外交官の見た幕末維新』講談社／『歴史ハンドブック　幕末・維新全藩事典』人文社／『高等学校　最新日本史』国書刊行会／『改訂日本史』東京書籍／西尾幹二『新しい歴史教科書』扶桑社／『［解明］新日本史』文英堂／川合章子『ダイジェストで分かる外国人が見た幕末ニッポン』講談社

《雑誌》

秋田書店『歴史と旅増刊　権勢の魔族　藤原一門』／新人物往来社『歴史読本』2002年2、5、6、12月号・03年4、11月号、04年3、5、7、12月号・05年4月号・12年9月号／別冊歴史読本『徳川将軍家人物系譜総覧』『江戸三百藩藩主列伝』『徳川御三家・御一門のすべて』『歴史の「その後」日本史追跡調査』『大江戸おもしろ役人役職読本』『謎の日本史　江戸・幕末維新』／宝島社『別冊宝島　幕末テロ事件史』／KKベストセラーズ『歴史人』12年7、9月号／歴史人別冊『完全保存版　幕末維新の真実』／PHP研究所『歴史街道』04年5月号・12年8月号

《TV》

NHK『さかのぼり日本史』『タイムスクープハンター』『歴史秘話ヒストリア』／TBS『世紀のワイドショー！　今夜はヒストリー』

著者略歴
熊谷充晃（くまがい・みつあき）
1970年生まれ、神奈川県出身。
フリーライターとして編集プロダクションに在籍、後に週刊誌の専属フリー編集記者。興味を抱くとさらに知りたくなる好奇心の強さが持ち味で、芸能から社会時事ネタ、風俗から美容・健康法や占いなど幅広いジャンルで活動。
複数の単行本を刊行しているほか、雑誌やムックでも執筆。大手企業の公式サイト内コンテンツや新聞コラムの連載なども手がけている。
歴史に熱中したのは高校時代。以後、日本史では奈良朝以前の古代や戦国時代、西洋史では古代ギリシャ時代やハプスブルク家、中国史では春秋戦国時代や三国時代、ほか世界各地の古代文明などを中心に、気の向くままに知識を求めている。歴史を題材にした著書としては本作が処女作。

教科書には載っていない！

幕末の大誤解

平成25年2月26日第1刷
平成25年8月23日第4刷

著　者　熊谷充晃《くまがいみつあき》

発行人　山田有司

発行所　株式会社　彩図社
東京都豊島区南大塚3-24-4
MTビル　〒170-0005
TEL：03-5985-8213　FAX：03-5985-8224
郵便振替　00100-9-722068

印刷所　新灯印刷株式会社

URL：http://www.saiz.co.jp　携帯サイト　http://saiz.co.jp/k →

ISBN978-4-88392-898-9 C0021